Esta coleção tem por objetivo debater os dilemas do cotidiano escolar presentes na atividade educacional contemporânea. Busca-se um conjunto de leituras possíveis em torno de uma mesma temática, visando reunir diversos referenciais teóricos e soluções alternativas para os problemas em foco. Atinge-se assim um panorama atualizado e abrangente, tanto das questões relevantes à prática escolar atual quanto das novas perspectivas para o seu enfrentamento.

Dados Internacionais de Catalogação na Publicação (CIP)
(Câmara Brasileira do Livro, SP, Brasil)

Drogas na escola : alternativas teóricas e práticas / Julio Groppa Aquino (org.). São Paulo : Summus, 1998.

Vários autores
Bibliografia.
ISBN 85-323-0622-5

1. Adolescentes — Uso de drogas 2. Drogas 3. Drogas — Abuso — Prevenção I. Aquino, Julio Gropppa.

98-3711   CDD-371.784

Índices para catálogo sistemático:
1. Drogas nas escolas : Prevenção : Educação
        371.784
2. Escolas : Prevenção de drogas : Educação
        371.784
3. Prevenção de droga na escola : Educação
        371.784

DROGAS

NA ESCOLA

Alternativas Teóricas e Práticas

Julio Groppa Aquino

Organizador

summus editorial

DROGAS NA ESCOLA — alternativas teóricas e práticas
Copyright © 1998 by Lídia R. Aratangy, Beatriz Carlini-Cotrim, Álvaro Lorencini Júnior, Paulo Albertini, Auro Danny Lescher, Devanil Tozzi, Jairo Bouer, Leila Maria Ferreira Salles, João Alfredo Boni Meirelles, Maria Cristina Gonçalves Vicentim, Simone AlBehy André, Julio Groppa Aquino.

Coordenação da Coleção:
Julio Groppa Aquino

Projeto Gráfico de Capa:
Yvoty Macambira

Capa de:
Raghy

Proibida a reprodução total ou parcial deste livro, por qualquer meio e sistema, sem o prévio consentimento da Editora.

EDITORA AFILIADA

Direitos desta edição
reservados por
SUMMUS EDITORIAL LTDA.
Rua Itapicuru, 613 – cj. 72
05006-000 – São Paulo, SP
Tel.: (011) 3872-3322
Fax: (011) 3872-7476
http://www.summus.com.br
e-mail: summus@summus.com.br

Impresso no Brasil

SUMÁRIO

1 **O desafio da prevenção**
Lídia Rosenberg Aratangy 9

2 **Drogas na escola: prevenção, tolerância e pluralidade**
Beatriz Carlini-Cotrim 19

3 **Enfoque contextual das drogas: aspectos biológicos, culturais e educacionais**
Álvaro Lorencini Júnior 31

4 **Drogas: mal-estar e prazer**
Paulo Albertini 45

5 **Drogas etc.**
Auro Danny Lescher 59

6 **A droga, o adolescente e a escola: concorrentes ou convergentes?**
Simone AlBehy André/Maria Cristina Gonçalves Vicentim ... 67

7 **A escola e as novas demandas sociais: as drogas como tema transversal**
Julio Groppa Aquino 83

8 **Prevenção também se ensina?**
Devanil Tozzi/Jairo Bouer 105

9 **As drogas e o aluno adolescente**
Leila Maria Ferreira Salles 123

10 **Os pluriversos da droga**
João Alfredo Boni Meirelles 143

APRESENTAÇÃO

Uma página em branco e uma caneta. O que se poderia pensar de tal imagem? Que se trata de dois dos instrumentos do trabalho escolar; aquilo por meio do que se pode aceder ao conhecimento (re)produzido nos bancos escolares e, portanto, à fantástica aventura do pensamento humano.

Uma página em branco tendo uma parte rasgada, seus pedaços minuciosamente picotados, e uma caneta sem a carga repousando ao lado. O que se poderia associar a tal imagem? A nosso ver, duas são as possibilidades de decomposição dessa mensagem, complementares inclusive.

A primeira, mais imediata, implica a crise paradigmática que envolve a instituição escolar hoje, o destroçamento desse objeto tão caro à civilização: o legado cultural. A segunda, mais arrojada, faz pensar em como as drogas têm-se apresentado como substitutas, ou oponentes, desse mesmo objeto civilizatório. Ao final, um paradoxo: o mesmo instrumento (no caso, a caneta) tem-se colocado, para a juventude, como passaporte para duas modalidades distintas da aventura humana — uma que se dá pelo trabalho árduo do pensamento e a transcendência que ele oportuniza, e outra que se faz na urgência do próprio corpo e as sensações prazerosas que dele se subtraem.

A despeito da quase onipresença do consumo de substâncias psicoativas na história humana, não se pode negar que, mormente a partir da década de 1960, o uso recreacional ao lado do risco da dependência passaram a habitar o imaginário do homem contemporâneo. E cada vez mais todos se vêem enredados, de uma forma ou de outra, na trama intrincada dos efeitos desse fenômeno sociocultural.

As drogas passaram a constituir, em escala mundial, um dos problemas que mais afligem a sociedade contemporânea. No Brasil, em particular, trata-se de uma das temáticas que mais preocupam, desde o cidadão comum até os poderes públicos, uma vez que ameaçam abertamente a possibilidade de uma vida saudável e "produtiva", bem como o exercício ativo da cidadania democrática. Isso ocorre porque temos sido forçados a encarar não apenas a dimensão do "atacado" distante da droga (a indústria de determinadas drogas "pesadas" e sua repressão), mas, principalmente, a dimensão do seu "varejo" cotidiano, que se presentifica no apelo intermitente e subliminar a seu consumo, na ambigüidade das fronteiras entre seu uso e seu abuso etc. E do peso dessas evidências o contexto escolar atual parece não se safar.

Se partirmos do fato de que a clientela-alvo da droga tem sido principalmente a juventude, haveremos de convir que a escola, como um dos principais espaços concretos na vivência dos jovens, se vê confrontada com essa nova realidade por um lado usual, mas por outro perigosa. Como, então, enfrentá-la de modo conseqüente e, se possível, sereno? Como se posicionar mediante o consumo de drogas, tanto lícitas quanto ilícitas, tão comum na adolescência?

É preciso esclarecer, antes de mais nada, que a discussão das drogas se apresenta como apenas um das tantas questões que atravessam o cenário escolar contemporâneo. As práticas escolares e, particularmente, alguns temas incidentais que as "transversalizam" — como a sexualidade, a violência, a degradação do meio ambiente, as dimensões pública e privada da vida civil etc. — têm-se transformado, paulatinamente, em temas imprescindíveis de reflexão e atuação. E essa efervescência teórico-prática não se dá por benevolência dos profissionais ou dos acadêmicos da área, mas por uma necessidade inadiável, uma exigência ético-política da instituição escolar na atualidade.

E é a esse esforço que o presente número da coleção *Na Escola: alternativas teóricas e práticas* vem se somar. Trata-se do quinto título da referida coleção, precedido por *Indisciplina na escola*, *Sexualidade na escola*, *Erro e fracasso na escola*, além de *Diferenças e preconceito na escola*. Nele, sob a forma de dez artigos a partir de abordagens teóricas diferenciadas, são abertas possibilidades diversas de compreensão do universo das drogas, assim como de manejo de situações escolares em que sua prevenção esteja em pauta. Leitura obrigatória para todo aquele cioso, ao mesmo tempo, de suas atribuições como educador e da promoção/defesa de vidas em expansão!

O organizador.

O desafio da prevenção*

Lídia Rosenberg Aratangy**

Não é fácil resistir à atração que as drogas exercem. Engana-se quem acredita que só pessoas especialmente frágeis ou problemáticas correm o risco de se deixar seduzir por essa experiência. Quem tiver a coragem de fazer uma reflexão sincera sobre si mesmo será levado a reconhecer mais de um comportamento sabidamente prejudicial do qual não consegue se libertar porque este, apesar de tudo, proporciona algum prazer. Fazer um regime para emagrecer, por exemplo, é uma empreitada que requer muito esforço e que raramente é bem-sucedida na primeira tentativa. Uma relação amorosa complicada e sem perspectivas, fonte de inúteis sofrimentos, pode aprisionar até mesmo uma pessoa amadurecida e equilibrada, leva anos tentando se libertar.

Esses exemplos ilustram como ter consciência de um perigo não é suficiente para garantir a força de vontade necessária para tomar uma atitude drástica e romper com uma dinâmica perniciosa. Como um dependente químico que não consegue se libertar de seu vício, nós também persistimos em comportamentos e atitudes reconhecidamente prejudiciais. Se cada um procurar dentro de si, encontrará a forma que toma a sua droga particular, seja ela uma pessoa ou um comportamento.

---

* Uma primeira versão deste texto foi publicada sob a forma de artigo na revista *Idéias*, n.29, pela Fundação para o Desenvolvimento da Educação (FDE), Secretaria de Estado da Educação de São Paulo.
** Psicóloga e bióloga pela USP. É terapeuta especializada em casais e família. Autora de *Doces venenos: conversas e desconversas sobre drogas* (Olho d'Água, 1991) e *Desafios da convivência* (Gente, 1998). É também representante da comunidade acadêmica no Conselho Estadual de Entorpecentes (CONEN).

Quais são as características de um usuário de drogas?

Portanto, qualquer ser humano possui a estrutura emocional necessária para, dadas as condições favoráveis, desenvolver um vício ou uma dependência. Quem não tiver a humildade de reconhecer isto, não está capacitado para trabalhar com prevenção do uso de drogas, principalmente com adolescentes. Quem acredita que o viciado é um pervertido, um doente ou um pecador dificilmente será um educador eficiente: diante do caso concreto de um aluno com esse tipo de problema, não será capaz de tomar as medidas mais adequadas, mas tentará, provavelmente, se livrar da encrenca, expulsando o aluno da escola ou até recomendando sua internação numa clínica, em casos em que isso não seria indicado.

Mas, se é verdade que o viciado em drogas tem as mesmas características que você, eu, nossos filhos e sobrinhos, também é verdade que muitos de nós escapamos de viver esse tipo de experiência. Proponho, então, outro exercício de introspecção: tente fazer uma retrospectiva de sua história de vida e identificar os acontecimentos e personagens que o ajudaram a evitar esse roteiro. Você talvez encontre a figura de um adulto especialmente marcante, que o ajudou a fazer escolhas mais adequadas; ou talvez perceba que, na época em que seus colegas e amigos experimentavam drogas, você estava envolvido com uma grande paixão, ou tinha um interesse intenso e profundo por alguma causa ou atividade. É impossível negar que deve ter havido também a contribuição de uma certa dose de sorte (poderíamos chamar de acaso, o que nos deixaria mais próximos da linguagem da ciência, mas não necessariamente da verdade).

É possível que diferenças genéticas tenham algum papel na suscetibilidade a drogas. No caso do alcoolismo, por exemplo, esse fator já está razoavelmente esclarecido. No entanto, essas condições genéticas, que predispõem à dependência química, não são visíveis a olho nu, nem previsíveis: não podem, pois, funcionar como um diferenciador entre os candidatos a usários de drogas.

O que move uma pessoa em direção à droga?

O ser humano não é uno nem homogêneo: cada um de nós é habitado por múltiplos personagens, abrigados dentro de uma só pele, atendendo por um único nome. E nem sempre esses personagens estão todos de acordo, diante de uma decisão importante (como fazer regime, mudar de emprego, parar de fumar ou romper uma relação amorosa nefasta).

Por sermos plurais, sentimo-nos impelidos a viver experiências que têm o poder de nos colocar em contato com diferentes facetas de nós mesmos, como se quebrassem a armadura de pele que nos faz parecer um só. Como a poção maligna faz com doutor Jeckil e o senhor Hyde (*O Médico e o Monstro*); ou os raios gama com o professor Banner e o descontrolado Hulk. Ou, então, como fazem conosco as paixões (ou as drogas) que mobilizam, dentro de cada um de nós, os diferentes personagens que nos habitam.

Na fonte primordial de onde brotam os impulsos, não existem ainda o bem e o mal. O que move uma pessoa em direção à droga está, na origem, muito perto do que levou o homem a se debruçar sobre o microscópio, ou a olhar por um telescópio: o mesmo que impulsionou tantos em direção ao sextante, aos mares bravios, às aventuras espaciais. Esse movimento de expansão, que nos empurra às grandes descobertas, afrontando o desafio do desconhecido, é parte do arsenal que nos fez humanos, reflexo do desejo de conhecer sempre mais, da ousadia de romper limites. Brota da sensação de desconforto de viver uma só vida, dentro de uma única pele. Algumas experiências podem romper essas limitações. Não muitas. Dentre elas: a arte, as paixões. E a droga. (Alguns momentos mágicos do esporte também têm esse poder: a quebra de um recorde, a alegria de um gol são emoções que nos transportam para além das contingências do momento. É aí que o esporte combina com a arte.)

Como respeitar a genialidade que habita tantos adolescentes, sem provocar a loucura que se esconde por detrás dela? Como estimular a valentia dos nossos jovens, sem favorecer a violência e a criminalidade? O desafio está em combater o vício de drogas, sem inibir essa preciosa inquietação que leva o homem a buscar conhecer sempre mais.

Por que é difícil fazer prevenção com adolescentes?

Algumas características dessa fase da vida deixam o jovem especialmente surdo às campanhas de prevenção (seja de drogas, AIDS ou gravidez indesejada). Em primeiro lugar, o adolescente tem, diante dos perigos, uma postura extremamente onipotente e se comporta como se tivesse um pacto pessoal de imunidade contra os males do mundo. Para ele, os perigos parecem não ter existência real, mas ser pura invenção de pais e educadores para tornar sua vida menos divertida.

Além disso, o adolescente está preso ao presente, como se não houvesse uma continuidade entre o que lhe aconteceu no passado e o que o futuro lhe reserva: o passado (curto) não tem mais significado, pois "já passou"; e o futuro não conta, pois só vai acontecer daqui a muito tempo. Numa total negação da permanência do ego, ele pensa em si mesmo no futuro como se fosse uma outra pessoa, pela qual não tem nenhuma responsabilidade nem lealdade.

Por tudo isso, o discurso dirigido ao adolescente exige cuidados especiais.

O que não funciona?

A primeira falácia consiste em optar pela soberania do racional, reduzindo a discussão sobre drogas a um curso de química avançada. Por mais respeito que o adolescente tenha pelo saber científico (e ele tem), o jovem já tem consciência clara de que a opção pelo uso de substâncias psicoativas passa pelo conhecimento de seus efeitos, mas está longe de se reduzir a isso: é, acima de tudo, uma questão emocional, não racional.

Outro erro comum está em reduzir a discussão sobre drogas a um curso de moral e religião, definindo o bem e o mal como se fossem absolutos. Uma das mais importantes características da adolescência é a busca de um quadro de referências próprio, baseado evidentemente nos valores recebidos dos pais e professores, mas que não se confunde com esses. Nesse contexto, lançar mão de argumentos morais (na maioria das vezes preconceituosos) implica perder o interesse e a atenção do interlocutor adolescente.

Também não atingem o objetivo de prevenção patrocinar atividades pontuais e isoladas, como uma palestra proferida por especialista externo ao cotidiano da escola, ou depoimentos de grandes estrelas do mundo do *show business*, que se apresentam como ex-viciados reabilitados. Esses depoimentos de ex-drogados arrependidos, principalmente se famosos, correm o risco de confirmar a onipotência adolescente, fazendo-os acreditar que, como o depoente, serão capazes de largar a droga e obter fama e fortuna.

Palestras com especialistas só são úteis se fizerem parte de um programa de prevenção mais amplo, que inclui atividades a longo prazo. Esses eventos, na maioria das vezes, são contraproducentes, à medida que servem para aplacar a ansiedade da própria escola que, com isso, acredita ter feito a sua parte e se exime de qualquer projeto mais comprometido e consistente.

A participação dos alunos num projeto de prevenção, mesmo que inclua a elaboração e apresentação de trabalhos, não deve receber nota, nem fazer parte de qualquer sistema de avaliação com o poder de aprovar ou reprovar o aluno. Qualquer que seja o resultado, o trabalho só pode ser devolvido com comentários qualitativos e críticas construtivas, formulados com o sentido de melhorar o que foi apresentado, com sugestões de ampliação e/ou aprofundamento, que não devem ser traduzidos por uma avaliação formal, tipo nota ou conceito.

Questão de liberdade?

A adolescência é a fase em que os horizontes do universo infantil se ampliam para além do contexto familiar, para abarcar todo o contexto social. E o jovem é especialmente sensível às questões de justiça social, ávido por bandeiras e causas a defender. Nesse sentido, a questão das drogas envolve muitos paradoxos. Pois entre o nariz que aspira e a carreira de cocaína, por exemplo, esconde-se aquilo que ninguém quer ver, que os jovens e idealistas usuários insistem em fingir que não existe ou em acreditar que não tem nada a ver com sua liberdade de usar drogas.

Estou falando das iniqüidades que quem compra um grama de pó está ajudando a sustentar. Estou falando do submundo que vive da droga, que depende desse comércio e é sustentado por ele: os cartéis e assassinatos, os campos de pouso clandestinos e as queimadas das florestas. Estou falando de violência, de destruição, de miséria; de males contra os quais lutamos, levantamos bandeiras, fazemos passeatas e fundamos partidos políticos.

Durante a polêmica em torno da lei municipal que proíbe fumar em recintos coletivos fechados, a Cia. Souza Cruz, fabricante de cigarros, fez publicar um anúncio de página inteira, nos principais jornais e revistas, alardeando que o direito de fumar era, antes de tudo, uma questão de liberdade, não de saúde (aliás, chama a atenção a freqüência com que o apelo à liberdade está presente na propaganda de cigarros e de bebidas). Pois o que mais me mobiliza na discussão sobre drogas é justamente a questão da liberdade (gostaria de indagar quantos fumantes têm de fato a liberdade de escolher entre acender ou não o próximo cigarro, de comprar ou não o próximo maço).

Mas o que é "ser livre"?

Liberdade tem um significado mais profundo do que "só fazer o que se gosta". Esta é uma colocação simplista, que não reflete a complexidade da questão do livre-arbítrio. Para exercitar uma escolha livre, é preciso conhecer a própria necessidade (já que é tão difícil ter acesso ao próprio desejo, inconsciente por definição), conhecer as opções possíveis, e conhecer as implicações de cada uma das possibilidades de ação (nesse sentido, o suicídio dificilmente é uma escolha livre, uma vez que o suicida não conhece o que acontece depois de sua morte, nem o que aconteceria com sua vida, se optasse por ela). Assim, a liberdade geralmente desaparece, uma vez iniciada uma relação com a maioria das drogas, pois o usuário é compelido a continuar "escolhendo" usar o que lhe faz mal.

Para mim, este é o paradoxo fundamental da polêmica sobre drogas. Se o impulso que leva um indivíduo a experimentar uma substância psicoativa é o desejo de romper as barreiras da realidade cotidiana, o resultado dessa experiência pode ser a criação de barreiras ainda mais limitantes, que estreitarão cada dia mais seu campo de interesses. Isto é, esse impulso que emana do mais precioso dos direitos humanos, que é a conquista da liberdade, pode levar à mais cruel das escravidões, que é a condição de dependência química ou psicológica.

É possível prevenir sem reprimir?

O caminho para a prevenção do uso de drogas não passa necessariamente pela repressão. Muito mais importante e eficaz do que alardear proibições (dificilmente obedecidas) é oferecer canais para que o jovem possa dar vazão à sua necessidade de viver experiências significativas e de partilhá-las com seu grupo.

Assim, devem ser favorecidas atividades que mobilizem emoções e possam dar ao adolescente a oportunidade de viver a sensação de pertencer a uma tribo, de estar identificado com um grupo. Atividades artísticas grupais (como um grupo de teatro ou um conjunto de canto coral) oferecem um canal adequado para extravazar emoções, além de criar um clima de companheirismo e espírito de equipe. Mas também devem ser incentivadas outras manifestações artísticas, que contemplem os tímidos, como concursos de redação e exposições de quadros e painéis, feitos pelos alunos, sobre temas de interesse e atualidade.

A prática de esportes, principalmente coletivos, leva o adolescente a descobrir a validade de regras que devem ser obedecidas por todos, sem a necessidade constante de argumentação e confronto que as outras atividades escolares propiciam (e também são importantes justamente por oferecer um campo para a discussão e o confronto de idéias).

Entretanto, a prática de modalidades artísticas ou esportivas não é o único caminho para canalizar emoções. Alguns filmes e livros podem mobilizar sentimentos intensos e permitir que, vicariamente, pela identificação com personagens imaginários, sejam vividas outras vidas, em outros tempos e lugares. Este talvez seja o caminho possível para que o ser humano possa viver mais de uma vida, antes da morte. Desenvolver a fantasia é uma das mais preciosas armas humanas. Viver uma fantasia no imaginário permite que não se tenha de buscar espaço no real para todos os desejos e ansiedades.

Quase todos os bons filmes estão disponíveis em vídeo, e quase todas as escolas possuem aparelhos de vídeo e bibliotecas. Não é difícil dedicar parte do tempo de permanência do aluno na escola para incentivar essas atividades (sem submetê-las a qualquer tipo de avaliação!), ainda que em horários extracurriculares.

Todas essas modalidades artísticas e esportivas terão mais chance de sucesso se houver um grêmio estudantil que possa organizá-las, mesmo que seja com a ajuda de professores. O professor de educação física está especialmente capacitado para esse contato mais informal com os alunos. Não é por acaso que ele costuma ser o depositário preferencial das confidências dos adolescentes: sua matéria não está sujeita às mesmas regras de aprovação/reprovação e ele geralmente trabalha no pátio, e não dentro do prédio da escola, o que dá impressão de maior distanciamento das autoridades mais poderosas da escola. Por outro lado, a disciplina nas aulas de educação física é garantida por regras específicas dos jogos, e o professor é visto como um árbitro e não como juiz. Além disso, a convivência informal nos vestiários propicia um clima de maior intimidade.

Assim, um projeto de prevenção ao uso de drogas, além de garantir que os alunos recebam informações corretas e não preconceituosas, deve contemplar a vertente emocional da questão. Nesse sentido, deve acolher a inquietação própria dos adolescentes, sem abrir mão de estabelecer limites claros e não arbitrários. Para tanto, é essencial a abertura de diferentes canais de participação dos alunos em múltiplas atividades artísticas e esportivas, desenvolvidas ou propiciadas pela escola.

Outra dimensão importante da rebeldia adolescente tem a ver com a ampliação dos horizontes infantis, o que inaugura a preocupação com causas mais amplas de justiça social e de crítica ao sistema. Nesse campo, é possível abrir valiosas oportunidades para o jovem exercitar sua necessidade de se confrontar com as autoridades e suas regras. Há bandeiras sociais importantes e justas, e a escola pode ajudar seus alunos a participar da busca de soluções para os problemas reais da comunidade. Trabalhos em postos de saúde ou parques infantis, contatos com organizações não-governamentais que desenvolvem programas sociais amplos, são exemplos de situações que propiciam o amadurecimento social e permitem o exercício da cidadania. Se não tiverem o caráter de assistencialismo nem de paternalismo, podem levar o jovem a encontrar um lugar adequado e produtivo para sua rebeldia e espírito crítico.

Os pais poderiam ser parceiros privilegiados num programa de prevenção. Mas, infelizmente, eles em geral estão mal preparados para enfrentar os desafios do mundo de hoje e sentem-se inseguros para abordar com seus filhos as questões mais polêmicas, como as referentes ao universo das drogas e da sexualidade. Independentemente do nível socioeconômico, os pais mais preocupados e atuantes estão, na melhor das hipóteses, preparados para ser os pais e mães ideais dos adolescentes que eles foram, mas mal conseguem divisar os adolescentes que seus filhos são. Este é o drama central da educação (em casa ou na escola): temos de nos basear na experiência de ontem, para educar hoje aqueles que vão enfrentar o mundo amanhã.

Nesse sentido, a escola desempenharia de maneira inestimável sua função de formar cidadãos para o futuro se tivesse condições de dar alguma assistência e cobertura aos pais, transformando as reuniões de pais e mestres numa atividade produtiva, de acolhimento de angústias e de troca real de informações.

Em resumo, um programa de prevenção eficiente teria de:

1. levar em conta a dimensão emocional, oferecendo ao jovem opções culturalmente válidas, que permitam canalizar o turbilhão de emoções que habita o adolescente, para se contrapor à intensidade das emoções que a droga propicia (participação em atividades esportivas, desenvolvimento de expressões artísticas, atividades culturais);

2. levar em conta a preocupação social e a necessidade de pertinência do jovem, abrindo a possibilidade de participação ativa em questões que envolvem a comunidade da qual a escola faz parte;

3. oferecer informações verdadeiras e não preconceituosas sobre drogas, para que o adolescente possa fazer escolhas mais livres;

4. respeitar a inteligência do jovem, não usando mensagens alarmistas e deformadas (não tratar, por exemplo, todas as drogas como se oferecessem o mesmo risco, não confundir o uso eventual de uma substância psicoativa com o uso habitual e contínuo);

5. não fazer afirmações sobre as sensações que a droga produz, para não correr o risco de se desmoralizar diante de adolescentes que possuem informações diretas que podem contradizer as suas;

6. abrir um espaço para orientação dos pais de alunos, para que esses não se sintam tão despreparados e desamparados para lidar com os desafios da adolescência.

Drogas na escola:
prevenção, tolerância e pluralidade

Beatriz Carlini-Cotrim*

A importância que atribuímos à presença da droga em nossas relações não se deve tanto às propriedades químicas especiais dessas substâncias, mas sim às suas propriedades simbólicas, seu efeito cultural. As drogas permitem que delimitemos domínios sociais precisos e que organizemos nossa realidade ao redor de certas normas.

Júlio C. Adiala, 1985

A intensa preocupação dedicada ao tema do abuso de drogas entre os jovens vem atualmente constituindo um terreno propício para o desenvolvimento de ações preventivas improvisadas e acríticas. A escola — pressionada para ser intransigente, eficiente e rápida diante de um problema que se acredita cada vez mais fora de controle — tem sido palco privilegiado dessas atuações, algumas vezes quase grotescas, desenvolvidas por profissionais muitas vezes mais aflitos do que propriamente cientes do que estão fazendo.

---

* Docente do Depto. de Medicina Preventiva da Faculdade de Medicina da Universidade de São Paulo. Formada em Ciências Sociais pela USP, é doutora em Psicologia Social pela PUC/SP, tendo desenvolvido pós-doutoramento na Escola de Saúde Pública da Universidade de Boston (Massachusetts, EUA). Foi pesquisadora do Centro Brasileiro de Informações sobre Drogas (CEBRID), da Universidade Federal de São Paulo, de 1985 a 1997. É também autora de diversos trabalhos publicados em revistas internacionais e várias dezenas em periódicos nacionais. É, ainda, vice-presidente da Associação Brasileira de Estudos de Álcool e Outras Drogas (ABEAD).

A proposta deste artigo é a de oferecer ao leitor algumas ópticas alternativas para se pensar tanto o uso de drogas entre os jovens como as práticas preventivas feitas em seu nome, colocando-as numa perspectiva histórica, contextualizada.

Prevenção: em nome de que interesses?

O que hoje se tornou um campo científico demarcado por regras, princípios e paradigmas próprios — a Prevenção ao Abuso de Drogas por intermédio da Educação — tem como substrato a noção de que a sociedade civil pode e deve atuar nas intenções dos sujeitos sociais de consumirem substâncias que alterem suas consciências (que chamamos popularmente de drogas). A legitimidade de tal pressuposto é histórica, e se originou no fim do século passado, na Europa e EUA. Foi nesse período que alguns grupos sociais se lançaram à tarefa de demover indivíduos de usarem bebidas alcoólicas e constituíram o que ficou conhecido como Movimento de Temperança. As ações desenvolvidas por esses grupos centravam-se na organização de "casas de sobriedade" para aqueles que desejassem parar de beber, e pregavam, por meio de panfletos, palestras, conversas de casa em casa, a abstinência alcoólica. Outra ação de grande destaque desses movimentos era a luta legislativa, pela pressão política para a aprovação de leis que restringissem o acesso ao álcool. As escolas não eram o local de atuação desses movimentos, nem tampouco os meios de comunicação tinham papel de destaque na sua divulgação, dado o ainda limitado acesso da população às primeiras e o incipiente desenvolvimento tecnológico do segundo.

Os movimentos de temperança mais conhecidos entre nós são os norte-americanos, que no início do nosso século resultaram na famosa Lei Seca, tão presente nos filmes sobre a máfia e o gangsterismo. Vários historiadores afirmam que os movimentos de temperança constituíram-se nos movimentos de massa de maior intensidade e importância em todo o século XIX, tanto que culminaram na aprovação de uma Emenda Constitucional (a Lei Seca), em um país que só alterou sua Carta Magna em questões de extrema relevância nacional (como a abolição dos escravos, por exemplo).

Seria possível discutir por muitas páginas essa fascinante parte da história norte-americana, mas, para as finalidades deste artigo, queremos nos centrar nas discussões sobre o sentido histórico desses movimentos (para mais informações sobre o tema ver Carlini-Cotrim, 1995).

Por que os norte-americanos se organizaram socialmente para convencer as pessoas a mudar seus hábitos alcoólicos? A resposta óbvia seria a de que o álcool vinha causando muitos problemas aos indivíduos e à sociedade, naquela época. Bem, de fato isso era verdade. Mas, estranhamente, não era novidade no momento em que o movimento eclodiu. Também, curiosamente, o problema não havia ficado menor quando os movimentos de temperança diminuíram de intensidade e a Lei Seca foi revogada. Por isso, no entender de estudiosos do assunto, afirmar que os movimentos de temperança foram ações movidas pela indignação pelos malefícios do álcool é proclamar somente meia verdade. Estudando os processos sociais e políticos da época, eles apontam para outros três fenômenos importantes em curso, que foram decisivos em amplificar as iniciativas dos militantes da temperança: primeiro, as bebidas eram consumidas pelos trabalhadores nos *saloons*, que também eram os locais disponíveis para a organização dos movimentos trabalhistas e dos sindicatos emergentes; segundo, o proclamado sonho americano de igualdade de oportunidades, liberdade e prosperidade tinha cada vez mais dificuldades em se sustentar diante de uma realidade inóspita, injusta e brutal para os setores depauperados do país; terceiro, o avanço tecnológico vivenciado nesse período exigia uma mão-de-obra rápida, ativa e... sóbria.

Assim é que os movimentos de temperança nasceram e prosperaram, inaugurando a legitimidade de ações contra as drogas nas sociedades contemporâneas: de um lado, contavam realmente com muitas pessoas preocupadas com o uso de álcool e seus malefícios, mas, de outro, constituíram também uma resposta histórica às necessidades externas à saúde e ao bem-estar dos indivíduos e grupos sociais. Os movimentos desta época contra o álcool foram sobretudo um movimento pelo fechamento dos *saloons*, o que é atestado pela principal aliança política que abraçou esta causa: o ASL ou Anti-Saloon League. Mais do que isso, o álcool foi sabiamente acusado pelos setores dominantes de ser o culpado por tudo aquilo não estava indo bem no país: desemprego, violência doméstica, pobreza, crianças na rua. O álcool foi eleito o bode expiatório da sociedade norte-americana, e a população foi instigada a elegê-lo como o principal inimigo a ser derrotado para se alcançar uma sociedade mais justa.

Outros exemplos históricos ilustram processos semelhantes ao já descrito.

Durante a década de 1870, a perseguição ao ópio (na forma de fumo) foi muito intensa no estado da Califórnia (EUA). Estudiosos sugerem, com base em fortes argumentos, que esta campanha antiópio foi a maneira mais eficiente de se estigmatizar e afastar os imigrantes chineses, disponíveis em abundância como mão-de-obra barata (e, portanto, concorrendo com os trabalhadores brancos) após o término da construção das ferrovias do Oeste americano e do esgotamento das minas de ouro. As leis antiópio desse período teriam sido, assim, destinadas a reprimir e controlar uma minoria antes útil, mas naquele momento indesejável.

Da mesma forma, a campanha contra a cocaína e a primeira lei contra ela (o chamado Harrison Act, assinado em 1914) visaram legitimar a repressão aos negros norte-americanos. Isso aconteceu a despeito do fato de os negros não se distinguirem dos brancos, naquele período, por um maior consumo desta substância. A associação entre negro e cocaína foi produto de uma campanha dos políticos conservadores sulistas, que disseminavam entre a população a idéia de que os homens negros, sob o efeito da cocaína, tendiam a estuprar mulheres brancas.

Ainda, vale a pena citar alguns poucos trabalhos nacionais que se preocuparam com indagações desse tipo: Adiala (1985, 1986) sugere que as ações contra a maconha empreendidas nas décadas de 1940 e 50 no Brasil só poderiam ser realmente entendidas se fosse levado em conta o papel que elas desempenharam na manutenção e no fortalecimento de estereótipos racistas; Anthony Henman (1983) atestou o papel legitimador de ações repressivas contra grupos indígenas desempenhado pela guerra contra as folhas de coca na Amazônia; e Gilberto Velho (1981), estudando famílias de classe média da cidade do Rio de Janeiro, apontou o quanto as violentas reações de alguns pais de jovens diante do fato de seus filhos usarem maconha constituía uma forma de exorcizar do seio familiar estilos de vida que não consideravam adequados.

Em suma — e é isso que queremos resgatar para pensarmos na prática contemporânea de prevenção nas escolas — os processos históricos brevemente discutidos aqui sugerem: a) que movimentos contra drogas (quaisquer que sejam elas — álcool, maconha, cocaína, cigarro) raramente podem ser explicados somente pelo impacto dessas substâncias na saúde das pessoas; b) que indivíduos genuinamente interessados em afastar outras pessoas das drogas acabam, muitas vezes, por contribuir de maneira possivelmente não consciente para fortalecer interesses políticos com os quais talvez nem mesmo compactuem.

Assim, essas informações nos colocam diante de um desafio: será possível atuar no sentido de evitar que as pessoas se envolvam com drogas tendo como compromisso fundamental a promoção da saúde física e mental destas? Ou estaremos sempre e irremediavelmente comprometidos com jogos de poder que raramente se identificam com aquilo que estamos querendo garantir? Para discutirmos esses pontos, precisamos primeiro entender melhor o quadro contemporâneo em relação ao uso de drogas e às práticas preventivas desenvolvidas.

Prevenção ao abuso de drogas no contexto contemporâneo

Contemporaneamente, enfrentamos um clima internacional de grande preocupação em relação a substâncias proscritas por lei, como cocaína, crack, maconha e heroína. Há uma profusão de movimentos sociais contra essas substâncias e uma forte pressão da sociedade civil para que o Estado gaste proporção significativa de seu orçamento na repressão, educação e tratamento dos problemas associados ao uso dessas drogas. Também, convivemos com um gigantesco poder ilegal dos cartéis de produtores e comerciantes dessas substâncias, que não medem esforços para tornar seus produtos populares. Enfim, um contexto que guarda algumas semelhanças com o vivenciado durante a proliferação dos movimentos de temperança nortes-americanos do início do século.

Nesse sentido, a pergunta formulada para se discutir os movimentos contra o álcool no fim do século XIX cabe também atualmente: por que há uma intensa onda de movimentos organizados socialmente para convencer as pessoas a mudar seus hábitos de consumo de drogas? A resposta evocada a esta pergunta tem sido tão rápida quanto impensada: tem-se argumentado que estamos vivendo uma epidemia de uso e dependência de drogas sem precedentes na História. Bem, esta afirmação aparentemente incontestável não é assim tão pacífica entre estudiosos do assunto.

Tomando como exemplo o Brasil, a preocupação em relação à cocaína, crack e maconha deve-se em grande parte a uma amplificação desses problemas pelos meios de comunicação de massa, em detrimento de temas de maior impacto na saúde da nossa população (Carlini-Cotrim e cols., 1995). De maneira sistemática, essas drogas têm sido apontadas como os responsáveis pela violência urbana, desagregação familiar, delinqüência juvenil. Para quem estuda o assunto, é uma seleção curiosa da realidade, pois pouco ou nada se fala do fato de 90% das internações psiquiátricas por drogas no Brasil serem decorrentes de problemas com álcool; que 50% das vítimas de morte violenta (homicídios, suicídios, acidentes de trânsito) na região metropolitana de São Paulo estavam alcoolizadas no momento do óbito (Carlini-Cotrim e Chasin, 1998) e que o consumo de bebidas alcoólicas no país vem crescendo entre jovens, mulheres e homens adultos numa taxa sem precedentes, desde pelo menos 1995. Ainda, embora o consumo de cocaína e crack venha de fato aumentando, estudos apontam claramente que tal processo não acontece de forma explosiva, incontrolável, e, além disso, somente uma minoria daqueles que as usam se transformam em assassinos frios, promíscuos sexuais, farrapos humanos sem princípios, como é veiculado cotidianamente (Carlini-Cotrim e Rosemberg, 1991; Carlini-Cotrim, 1992). Em outras palavras, temos assistido a uma veiculação exagerada e caricatural de alguns fenômenos, e a omissão de outros de maior impacto para a saúde da coletividade. E novamente, no entender de sociólogos e historiadores, a visão de que todo esse movimento de "guerra às drogas" se deve somente ao sofrimento engendrado pelo envolvimento intenso com drogas proibidas é aceitar uma resposta simplista, uma meia verdade.

Estudiosos como Reinarman e Levine (1989) defendem que, para um entendimento mais completo desse processo tão intenso de preocupação e atuação contra as drogas proibidas, é preciso recuperar o contexto político de transição das políticas de bem-estar social para as políticas neoliberais. Assim é que se assiste internacionalmente a um processo exemplarmente iniciado nos Estados Unidos de R. Reagan e na Inglaterra de M. Tatcher. Na proposta neoliberal, as políticas de proteção aos indivíduos vulneráveis social e economicamente vêm sendo extintas, a privatização de serviços estatais é crescente e a tônica da retórica política insiste em atribuir somente ao indivíduo a responsabilidade por seu próprio sucesso, abstraindo o papel do Estado de garantir direitos básicos e universais como saúde e educação. A proposta neoliberal preconiza o Estado Mínimo, que aposta na competitividade do mercado como regulador social, o que acaba por produzir uma legião de excluídos socialmente, que passam a ser responsabilizados pelo seu próprio fracasso. Ou, como quer Reinarman, no neoliberalismo os indivíduos *com* problemas são reconceituados como indivíduos que *causam* problemas.

No entender dos críticos da Guerra às Drogas, tudo isso casa perfeitamente com o que denominam de onda de histeria contra as drogas. O processo de exclusão do neoliberalismo gera revolta e contestação entre determinados grupos sociais, sejam eles minorias étnicas, desempregados, jovens de periferia, setores de classe média depauperados. Do ponto de vista do sistema, é preciso legitimar a repressão e o controle a esses grupos. E o espectro das drogas ilegais tem-se constituído num álibi sofisticado e eficiente para tal (para uma leitura mais elaborada deste argumento consultar Pierucci, 1987; Carlini-Cotrim, 1992; Reinarman e Levine, 1989).

Mas apesar desse contexto tão propício para que a prevenção ao abuso de drogas seja um álibi para fins de controle político, há grupos de pesquisadores e agentes comunitários que defendem a pertinência e a possibilidade de se desenvolver ações preventivas comprometidas com a saúde da coletividade e desenvolvidas a partir da óptica dos grupos mais vulneráveis ao uso de drogas. E assim se colocar como alternativa à "guerra às drogas" de inspiração repressiva e controladora. É o que vem sendo chamado de enfoque da prevenção a partir da redução de danos.

Convivendo com a diferença: prevenção na perspectiva de reduzir os danos associados ao uso de drogas

A principal marca que caracteriza os defensores da prevenção voltada para a redução de danos é a oposição à guerra às drogas, que defende a erradicação das substâncias ilegais e a intolerância em relação a seus usuários. Os argumentos que sustentam essa oposição são basicamente dois e a ênfase em um ou outro vai variar de autor para autor.

Primeiro argumento: a postura de guerra às drogas é irrealista. Centrar forças no sentido de construir uma sociedade sem drogas é negar as evidências históricas de que todas as sociedades humanas sempre conviveram com o uso de algum tipo de substância psicoativa. Segundo Gossp e Grant (1990, pp.36-37), "a meta de uma sociedade sem drogas é geralmente inatingível. A magnitude dos esforços e dos recursos necessários à consecução desse objetivo seria tal que ele deve ser considerado não apenas irreal, mas também impossível de ser financiado. (...) optar por metas realistas não constitui somente um princípio de boa administração: é também uma forma de garantir que as ações preventivas adotadas signifiquem uma melhoria efetiva da situação".

Segundo argumento: a guerra às drogas fere princípios éticos e direitos civis. Trabalhar no sentido de erradicar todas as formas de uso de drogas é ditar normas de comportamento e controlar os indivíduos e grupos sociais muito além do que é direito do Estado e das instituições. Trechos de alguns trabalhos ilustram bem essa posição: "A fundamentação filosófica da 'guerra às drogas' constitui o mais elementar proselitismo do tipo missionário. Ou seja, os opositores ao uso de drogas acham que sabem aquilo que os usuários deveriam pensar, sentir e fazer: eles pretendem impor seu próprio conjunto de regras para todas as outras pessoas" (Aldrich, 1990, p.544). Ou, numa versão mais ácida: "A histeria envolvida na guerra às drogas cria uma mentalidade *orwelliana*, em que perversas técnicas do tipo Grande Irmão são apresentadas como sendo medidas patrióticas para salvar a alma americana. De acordo com a minha própria formação, feita a partir de uma educação tradicional da Nova Inglaterra, seria considerado indigno, pouco americano, e mesmo perverso o fato de que oficiais do governo obriguem funcionárias da Marinha a se despirem e urinarem em vasos sanitários na sua frente, submetidas a uma observação direta" (Trebach, 1990, p.516 — sobre os exames de urina compulsórios para detecção de uso de drogas na Marinha).

Há ainda os que completam essa crítica afirmando que a política de combate a todo e qualquer padrão de uso de drogas fere o direito de as pessoas disporem livremente do seu corpo e da sua mente, e de poderem alterar seu estado de consciência pelo uso de drogas, se assim o quiserem (Henman, 1988).

A partir dessas considerações, os teóricos dessa perspectiva alternativa defendem que é mais realista, eficiente e ético trabalhar no campo da prevenção com o objetivo de reduzir os danos que as drogas e o seu abuso trazem freqüentemente aos indivíduos e à sociedade (The Royal College of Psychiatrists, 1987; Erickson, 1990; Van Vliet, 1990). Como é epidemiologicamente evidente que as drogas lícitas são as responsáveis pelo maior número de problemas, o álcool e o cigarro são, quase sempre, os motivos de maior preocupação para aqueles que trabalham com o objetivo de redução de danos. E, quando o assunto são as drogas ilegais, a possibilidade de transmissão da AIDS pelo uso de seringas contaminadas tem concentrado os maiores esforços preventivos.

São exemplos de objetivos preventivos, nessa segunda linha: o uso moderado e circunstanciado de álcool, a não-partilha de seringas para o uso de drogas, a restrição do uso de maconha a determinadas situações, a substituição de cigarros de alto teor de nicotina por cigarros *light*, a tentativa de retardar o primeiro contato com drogas, para que este aconteça quando o indivíduo já estiver mais estruturado. Pode ser também objetivo dessa linha preventiva tentar formar educacionalmente pessoas que acreditem que a opção mais segura é não usar drogas. A diferença é que, nesse enfoque, a abstenção total não é a única opção. Como afirma o documento do The Royal College of Psychiatrists (1987, p.179), "é perigoso fazer do melhor o inimigo do bom", em relação à postura de fixar como objetivo exclusivo da prevenção a eliminação de todo e qualquer uso de drogas, independentemente da análise de cada caso.

Ou seja, os caminhos para se chegar ao objetivo de diminuir os riscos associados ao uso de drogas são bem distintos dos recomendados pelos defensores de um mundo livre das drogas. Enquanto este último declara que seus principais instrumentos são o temor às punições impostas pela lei e normas institucionais e o constrangimento moral, a prevenção voltada à diminuição de danos aposta na capacidade de discernimento do cidadão bem formado e informado e na possibilidade de que os próprios usuários recreativos e casuais, que queiram continuar usando drogas, possam aprender a consumi-las da maneira mais segura possível (pequena freqüência, pequenas doses, situação segura etc.).

Em termos de ações concretas, o enfoque de diminuição de riscos viabiliza-se, na prática escolar, por cinco modelos básicos: conhecimento científico, educação afetiva, oferecimento de alternativas, educação para a saúde e modificação das condições de ensino (Carlini-Cotrim e Pinsky, 1989; Hansen, 1990; Klitzner e cols., 1991).

• *O modelo do conhecimento científico.* Propõe o fornecimento de informações sobre drogas de modo imparcial e científico. A partir dessas informações os jovens poderiam tomar decisões racionais e bem fundamentadas sobre as drogas.

• *O modelo de educação afetiva.* Defende que jovens mais estruturados e menos vulneráveis, do ponto de vista psicológico, são menos propensos a se engajar num uso problemático de substâncias psicoativas. Constitui-se, neste sentido, num conjunto de técnicas que visa melhorar ou desenvolver a auto-estima, a capacidade de lidar com a ansiedade, a habilidade de decidir e interagir em grupo, a comunicação verbal e a capacidade de resistir às pressões de grupo.

• *O modelo de oferecimento de alternativas.* Procura propiciar aos jovens sensações de expansão da mente, crescimento pessoal, excitação, desafio e alívio do tédio, ou seja, *highs*, por outros meios que não o consumo de drogas. As atividades que cumpririam o papel de propiciar essas sensações variam segundo os autores. Klitzner e cols. (1991) relacionaram algumas propostas americanas: estruturação de pontos comerciais dirigidos e operados por jovens, sistema de orientação escolar de alunos mais jovens pelos mais velhos, atividades esportivas desafiadoras, atividades artísticas não diretivas etc.

• *O modelo de educação para a saúde.* Educar para uma vida saudável é a proposta central desse modelo. Assim, orientar para uma alimentação adequada, para atividades não propiciadoras de estresse, para uma vida sexual segura, e até para a escolha correta da pessoa que dirigirá o carro num passeio de grupo compõem um currículo em que a orientação sobre os riscos do uso de tabaco, álcool e drogas também se faz presente (Klitzner e cols., 1991). Muitas vezes são discutidos temas mais gerais, como poluição, trânsito e perigo atômico, visando formar um estudante com consciência de algumas características não saudáveis do mundo que o cerca e com capacidade de escolher uma vida mais saudável para si e sua comunidade (Carlini-Cotrim; Pinsky, 1989).

• *O modelo de modificação das condições de ensino*. Defende que a vivência escolar, particularmente a da pré-escola e do ensino elementar, vai ser fundamental para um desenvolvimento sadio do adolescente e adulto (Klitzner e cols., 1991). Nessa medida, a ênfase não recai na prevenção ao abuso de drogas, mas na formação global de um jovem saudável. Suas estratégias pretendem constituir-se, assim, em ações de prevenção à delinqüência, a patologias mentais e *também* ao abuso de substâncias psicoativas. Sua intervenção é intensiva, precoce e duradoura, apresentando grande tendência para envolver pais e comunidade em suas atividades (Klitzner e cols., 1991).

Este modelo tem cinco vertentes básicas, freqüentemente combinadas na prática interventiva:

Modificação das práticas instrucionais. Propõe várias iniciativas, como mudar as técnicas de ensino, tornando-as mais prazerosas e eficientes; modificar o conteúdo curricular para aproximá-lo mais da realidade do aluno; melhorar a relação professor-aluno, oferecendo maior oportunidade ao estudante para manifestar suas dúvidas e anseios.

Melhoria do ambiente escolar. Procura mudar a estrutura organizacional e decisória da escola, dando mais espaço para os estudantes, seus pais e a comunidade participarem de seu planejamento. Combinam-se, assim, inovações no campo da estrutura decisória com o estabelecimento de atividades extracurriculares abertas a todos, programas de auxílio para achar trabalho remunerado aos estudantes etc.

Incentivo ao desenvolvimento social. Bastante parecido com o anterior, mas com uma ênfase particular nas relações pessoais *entre* os próprios alunos. Propõe atividades que visam incentivar a cooperação, a preocupação de uns com os outros, a solidariedade mútua.

Oferecimento de serviços de saúde. Oferece serviços de saúde gratuitos, dentro da escola, especialmente voltados para a necessidade dos adolescentes (ênfase, por exemplo, em problemas de aprendizado, de alimentação, estéticos, de estresse ou de orientação sexual).

Envolvimento dos pais em atividades curriculares. Procura envolver os pais na vida acadêmica de seus filhos. Isto tem sido proposto de duas formas: tarefas para casa que devem ter participação dos pais e *workshops* de pais, convocados pela escola, para trabalhar com questões relativas ao relacionamento pais/filhos e desempenho escolar.

Como pode ser visto, há um grande leque de escolhas para atuar numa perspectiva de diminuição dos danos associados ao uso de drogas.

No entanto, embora diversificadas em termos de ações concretas, todas se caracterizam por tentar oferecer subsídios e propiciar vivências, seja no campo do conhecimento ou do afeto, para que o estudante possa ser mais estruturado, consciente, questionador. Possivelmente por isso, muitas escolas desenvolvem de modo simultâneo vários destes modelos, vistos como complementares.

Em conclusão, as ações preventivas baseadas na postura de redução de danos não visam resultar, obrigatoriamente, numa rejeição a qualquer contato com drogas. Acredita-se, somente, que quanto mais realizado e consciente estiver, menores são as chances de o jovem se envolver *patologicamente* com drogas. Reconhece-se, ainda, principalmente nas várias vertentes de modificação das condições de ensino, que a intervenção não precisa necessariamente visar ao estudante: pode e deve tentar também modificar o ambiente em que ele vive. Admite-se, assim, que uma escola inadequada e injusta pode constituir um fator propiciador do abuso de drogas, deslocando a discussão para o campo da política educacional e do questionamento pedagógico. Em suma, substitui-se o enfoque disciplinador da guerra às drogas por uma ênfase na formação do jovem, tido como capaz de discernir e de optar, e como alguém que tem o direito de ser informado idoneamente sobre questões que dizem respeito a seu cotidiano.

Bibliografia

ADIALA, J. C. (1986) *O problema da maconha no Brasil*: ensaio sobre racismo e drogas. Rio de Janeiro: IUPERJ. (Série Estudos, 52).

————. (1985) *A criminalização dos entorpecentes*. Rio de Janeiro: Fundação Casa de Rui Barbosa. (Comunicação apresentada no simpósio "Crime e Castigo — Estudos sobre aspectos da criminalidade na República").

ALDRICH, M. R. (1990) Legalize the lesser to minimize the greater: modern applications of ancient wisdom. *Journal of Drug Issues*, v.20, n.4, pp.543-54.

CARLINI-COTRIM, B.; GALDURÓZ, J. C.; NOTO, A. R.; PINSKY, I. (1994) A mídia na fabricação do pânico de drogas: um estudo no Brasil. *Comunicação e Política*, n.1, v.2, pp. 217-30.

CARLINI-COTRIM, B. (1995) Movimentos e discursos contra as drogas nas sociedades ocidentais contemporâneas. *Revista da Associação Brasileira de Psiquiatria*, n.17, v.3, pp.93-101.

CARLINI-COTRIM, B.. (1992) *A escola e as drogas:* o Brasil no contexto internacional. Tese de Doutoramento, Psicologia Social da Pontifícia Universidade Católica de São Paulo.

CARLINI-COTRIM, B.; ROSEMBERG, F. (1991) Os livros didáticos e o ensino para a saúde: o caso das drogas psicotrópicas. *Revista de Saúde Pública*, n.25, v.4, pp.299-305.

CARLINI-COTRIM, B.; PINSKY, I. (1989) Prevenção ao abuso de drogas na escola: uma revisão da literatura internacional recente. *Cadernos de Pesquisa*, n.69, pp.48-52.

ERICKSON, P. G. (1990) A public health approach to demand reduction. *The Journal of Drug Issues*, v.20, n.4, pp.563-75.

GOSSP, M.; GRANT, M. (eds.) (1990) *Preventing and controlling drug abuse*. Genebra: World Health Organization.

HANSEN, W.B. (1990) *School-based substance abuse prevention: a review of the state of the art in curriculum, 1980-90*. Winston-Salem, N. C.: Wake Forest University. (Relatório de Pesquisa).

HENMAN, A. (1988) The war on drugs: escalation or cease-fire? *Third World Affairs*, pp.141-9.

—————. (1983) A guerra às drogas é uma guerra etnocida. *Religião e Sociedade*, v.10, pp.37-48.

KLITZNER, M., FISHER, D., MOSKOWITZ, J., STEWART, K., GILBERT, S. (1991) *Report to the Robert Wood Johnson Foundation on strategies to prevent the onset and use of addictive and abusable substances among children and early adolescents*. Washington (D.C.). (Relatório de Pesquisa).

PIERUCCI, A. F. (1987) As bases da Nova Direita. *Novos Estudos CEBRAP*, n.19, pp.26-45.

REINARMAN, C., LEVINE, H. (1989) Crack in context: politics and media in the making of a drug scare. *Contemporary Drug Problems*, v.16, pp.535-77.

ROYAL COLLEGE OF PSYCHIATRISTS (1987) *Drug scenes*. Londres: Gaskell.

TREBACH, A. SS. (1990) A bundle of peaceful compromises. *Journal of Drug Issues*, v.20, n.4, pp.515-32.

VANVLIET, H. J. (1990) Separation of drug markets and the normalization of drug problems in The Netherlands: an example for other nations? *The Journal of Drug Issues*, v.20, n.3, pp.463-71.

VELHO, G. (1981) *Individualismo e cultura*: notas para uma antropologia da sociedade contemporânea. Rio de Janeiro: Zahar.

Enfoque contextual das drogas:
aspectos biológicos, culturais e educacionais

Álvaro Lorencini Júnior*

O consumo de drogas está presente na maioria das culturas, variando seus padrões de uso, suas funções, seu alcance e sua freqüência. A especificidade do problema está no seu caráter conflitante nos mais diversos níveis, sejam eles individual ou social.

No plano individual, os efeitos da droga no cérebro humano produzem estados alterados de consciência para compensar a eterna busca do prazer e da negação constante do sofrimento. No plano social, as drogas adquirem diferentes significados, que variam de acordo com as circunstâncias do uso e com a personalidade do usuário, ambas interagindo com o contexto sociocultural.

Assim, podemos analisar a temática das drogas levando em consideração os aspectos da sua ação e reação no organismo humano e os aspectos socioculturais envolvidos no seu consumo como elementos importantes e necessários para elaborar e desenvolver estratégias de enfrentamento do problema.

A nossa análise torna-se cada vez mais complexa à medida que as condicionantes do contexto social, histórico e cultural determinam que as drogas são um problema interdisciplinar e multidimensional, que pode ser interpretado no âmbito escolar, tendo a sala de aula como ambiente de educação preventiva e de valorização social da vida.

---

* Biólogo, mestre e doutorando em Educação pela Faculdade de Educação da USP. É professor de Metodologia e Prática de Ensino de Ciências junto à Universidade Estadual de Londrina (UEL/PR). Co-autor de *Sexualidade na escola: alternativas teóricas e práticas* (Summus, 1997).

As drogas e o indivíduo nas suas dimensões biológica e social

As drogas psicotrópicas ou psicoativas são substâncias que atuam sobre o sistema nervoso, modificando acentuadamente o comportamento psicológico e algumas funções biológicas do indivíduo. A maioria dessas drogas possui substâncias químicas de origem vegetal ou sintética que se classificam genericamente de acordo com o tipo de efeito predominante causado sobre a atividade mental. Desse modo, encontramos as drogas psicoativas denominadas: *estimulantes, depressoras* e *alucinógenas.*

As *estimulantes*, como a própria denominação indica, são aquelas que agem geralmente aumentando a atividade mental, como é o caso da nicotina do tabaco, das anfetaminas, da cocaína e da cafeína. Já as *depressoras* funcionam como inibidoras do sistema nervoso, diminuindo a atividade cerebral e, entre estas, destacamos como as mais utilizadas: o álcool, os barbitúricos (sedativos), os ansiolíticos (tranqüilizantes), a morfina, a heroína e os solventes inalantes, como é o caso da "cola de sapateiro". Finalmente, as *alucinógenas* são aquelas que alteram o funcionamento mental, de modo a ocasionar estados psíquicos complexos de perturbações do tipo experiências transcendentais, mudanças de percepção (delírios e ilusões) e como a própria denominação sugere: alucinações. Nessa categoria se incluem as substâncias encontradas no LSD (ácido lisérgico), ecstasy, maconha e alguns cogumelos.

Essa classificação de acordo com os principais efeitos sobre o sistema nervoso é bastante genérica, pois devemos levar em conta que os efeitos da droga dependem da dosagem e das características psicológicas do indivíduo. Assim, o álcool ingerido em doses moderadas pode reduzir a ansiedade, a insônia e o nervosismo, na maioria das pessoas. Por outro lado, em doses excessivas pode causar euforia, agressividade e vertigens com a perda do equilíbrio.

Em se tratando da maconha, os seus efeitos sobre o organismo dependem da concentração do seu principal componente psicoativo, no caso o denominado THC (tetrahidrocanabinol), cuja concentração, por sua vez, depende das condições do solo em que a planta foi cultivada, das condições de armazenamento e da genética da planta *Cannabis sativa*. Portanto, os efeitos diversos decorrem dessas variáveis associadas às circunstâncias do uso e à personalidade do usuário. Desse modo, a maconha com baixa concentração de THC causa efeitos relaxantes, para a maioria das pessoas, como as drogas depressoras e aquela com alta concentração de THC poderia causar efeitos alucinógenos.

Caso semelhante ocorre com a nicotina do tabaco encontrada nos cigarros: em baixas concentrações é um fraco estimulante da atividade mental; entretanto, em doses maiores produz um efeito depressor do sistema nervoso com um suposto domínio da ansiedade, o qual explicaria a subjetiva "sensação de satisfação e prazer", justificada pelo usuário.

Uma das perguntas mais freqüentes que pais e educadores fazem aos especialistas é: entre as drogas mais consumidas, cigarro, álcool, maconha e cocaína, "qual é a pior"? Talvez o intuito principal dessa pergunta seja conhecer qual droga produz os efeitos mais prejudiciais para a saúde do usuário e, por que também não dizer, da coletividade.

Estudos têm demonstrado que o álcool é a droga cujo uso prolongado causa a maior probabilidade de ocorrência de problemas de saúde. Gastrite, hipertensão arterial, cirrose hepática e distúrbios neurológicos são algumas das patologias mais graves que podem aparecer durante um longo período de ingestão diária de altas doses de álcool, quando comparadas aos problemas de saúde causados pelo uso prolongado da cocaína e do tabaco.

O consumo constante da cocaína durante um período relativamente curto pode provocar, como problemas orgânicos mais graves: debilitação do organismo por emagrecimento acentuado, insônia e lesão na mucosa nasal. Já o uso contínuo do tabaco, num período curto de tempo, pode causar problemas respiratórios, aumentando a probabilidade de ocorrência de infecções nos brônquios e de câncer nos pulmões, além de problemas cardiovasculares, como o infarto do miocárdio.

Os problemas de saúde causados pelo uso contínuo da maconha surgem de maneira mais lenta, quando comparada ao álcool, ao tabaco e à cocaína. O consumo diário da maconha durante um longo período pode ocasionar, como distúrbios mais graves: diminuição da memória recente e disfunções reversíveis dos hormônios sexuais (diminuição da testosterona e da taxa de espermatozóides).

Em se tratando de analisar os "prejuízos sociais" que as drogas ocasionam no indivíduo, as pesquisas revelam que o álcool mais uma vez se destaca, comparado ao tabaco, à maconha e à cocaína. Por "prejuízos sociais", os estudos reconhecem as dificuldades nas relações sociais do indivíduo na família, no trabalho e na escola. Esses problemas nos relacionamentos sociais são resultantes das mudanças no comportamento psicológico causado pela droga, associadas ao grau de dependência que a própria droga assume na vida do indivíduo. Entende-se a dependência no sentido mais amplo possível, que vai desde um desejo ou uma necessidade irresistível de consumir a droga e procurá-la para si mesmo por todos os meios possíveis, passando por uma tendência para aumentar as doses e uma dependência de ordem psicológica e/ou física em relação aos efeitos, até a droga adquirir importância e interesse maior do que os relacionamentos sociais.

Assim, o alcoolista, com embriaguez constante, possui graves dificuldades de exercer atividades profissionais, caracterizadas por ausências, acidentes e baixa produtividade no trabalho. A dissolução das relações familiares e conjugais é outro problema, agravado pela dificuldade do indivíduo de estabelecer novos vínculos afetivos. Por outro lado, é relativamente longo o prazo para esses efeitos ocorrerem no plano social.

Os problemas de relacionamentos sociais, no caso da cocaína, levam menos tempo para aparecer quando comparados com o álcool. A cocaína pode causar distúrbios psíquicos com sintomas que vão da euforia à depressão, irritabilidade e idéias paranóicas de sensações persecutórias, que podem gerar manifestações de violência. Os especialistas têm apontado que esses problemas psicológicos são os que mais provocam uma inadaptação do indivíduo para a vida social.

Quanto à maconha, os estudos mostram que apesar de haver usuários em que a incidência do consumo implica dificuldades de manter o trabalho e os relacionamentos afetivos, essa situação é menos freqüente comparada com o que acontece com o uso de álcool ou cocaína. Os resultados das investigações para o tabaco demonstraram que não há relação entre o consumo contínuo e prolongado da droga e o aumento da inadaptabilidade social do indivíduo, comparada com os "prejuízos sociais" causados pelo álcool, cocaína e até mesmo a maconha. Assim, não há diminuição significativa da atividade profissional ou das relações sociais associadas ao uso constante do tabaco. É bom lembrar que esses estudos não estão considerando as doenças crônicas causadas pelo tabaco, como determinantes da incapacidade do indivíduo ao convívio social, mas apenas os aspectos relacionados ao padrão de uso da droga.

Portanto, o uso diferenciado de drogas psicoativas mostra claramente a importância dos fatores biológicos, em interação com fatores sociais e ambientais, na determinação do comportamento humano.

As drogas culturais e a cultura das drogas

Durante muito tempo, o consumo de drogas em algumas sociedades fez parte dos comportamentos sociais permitidos, sendo que as características desse consumo são resultado da interação entre fatores biológicos, sociais e o entorno ambiental em que um determinado indivíduo está inserido.

Nesse sentido, o contexto sociocultural passa a ser um importante fator, que devemos levar em conta, ao fazer a análise do uso lícito e ilícito de drogas psicoativas pelo ser humano. Podemos citar alguns exemplos da influência do contexto sociocultural: o consumo lícito, aceito pela sociedade, de drogas psicoestimulantes moderadas, como a nicotina encontrada nos cigarros de tabaco, e da cafeína, encontrada em várias bebidas de consumo popular: café, chá-mate e os refrigerantes do tipo cola.

Enquanto o uso de cocaína é ilegal na maioria das sociedades, os nativos dos países andinos mascam as folhas de coca para aliviar a fome e o cansaço decorrentes do trabalho em elevadas altitudes. Muito embora mascando as folhas a absorção da cocaína seja relativamente baixa, causando apenas efeitos anestésicos, o seu consumo é tradicionalmente aceito pela sociedade, constituindo uma prática lícita na cultura desses povos.

Um outro exemplo refere-se ao consumo de bebidas alcoólicas, que se tornou uma prática social lícita em diversos países do mundo, enquanto é rigorosamente proibido nos países islâmicos, por motivos religiosos. Por outro lado, se para o povo islâmico do Afeganistão é vedado o consumo de bebidas alcoólicas, a maconha pode ser consumida livremente.

Além desses exemplos, a história social tem demonstrado casos de mudanças de aceitação de algumas sociedades em relação ao uso de determinadas drogas. Até o final do século XIX, a cocaína era utilizada em diversos medicamentos e, no início do século XX, em decorrência de leis proibitivas, os fabricantes do refrigerante Coca-Cola substituíram o extrato de folhas de coca pela cafeína. O imperador chinês da metade do século XVII proibiu o consumo de tabaco, mas permitiu que se fumasse ópio. Caso semelhante ocorreu na Índia, no início do século XIX, quando o consumo do ópio era largamente difundido, enquanto o consumo do álcool era condenado.

Nas décadas de 1960 e 70, o movimento *hippie* contribuiu para o aumento do consumo de drogas, especialmente o alucinógeno LSD (ácido lisérgico) e a maconha. O consumo de drogas no contexto social daquela época tinha um componente individual e outro coletivo: pelo consumo da maconha, principalmente, vinculavam-se ao plano individual os processos de introspecção, de desenvolvimento de estados de sensibilidade e meditação, enquanto ao plano coletivo se vinculava a busca da harmonia, da paz e do amor entre os povos. Já nas décadas de 1980 e 90, o consumo de cocaína provavelmente está relacionado com uma visão mais individualista e de prazer fugaz pela vida, em que o que importa é desfrutar o momento.

Hoje em dia podemos observar mudanças significativas quanto ao consumo de tabaco. Constatamos campanhas antitabagistas que culminaram em leis para coibir o uso de cigarros, principalmente em locais públicos e, mais recentemente nos Estados Unidos, ações penais contra as indústrias de cigarros para indenizar a família de supostas vítimas do uso prolongado de tabaco.

Algumas das drogas psicoativas podem ser utilizadas no tratamento terapêutico de distúrbios psíquicos ou de outras patologias. Quando utilizada dessa maneira com prescrição e orientação médica, a droga passa a ser um medicamento terapêutico lícito, como é o caso das anfetaminas inibidoras do sono e do apetite, dos tranqüilizantes, dos antidepressivos e dos analgésicos opiáceos, como a morfina. No entanto, essas e outras drogas psicoativas, como os alucinógenos, os barbitúricos e alguns opiáceos, como a heroína, também são geralmente usadas para fins não terapêuticos, portanto utilizadas de modo ilícito, com o intuito de induzir estados alterados de consciência.

Desse modo, o conceito de drogas lícitas e ilícitas, para uma determinada sociedade, depende mais do contexto sociocultural e histórico do que dos aspectos psicológicos do usuário e das propriedades químicas das drogas.

Alguns aspectos sociais condicionantes do uso de drogas

O problema das drogas, assim como muitos outros problemas da nossa sociedade, pode ser abordado do ponto de vista das causas e efeitos de seu uso e abuso no plano individual, como também do ponto de vista das causas e efeitos no plano social e coletivo. A temática das drogas passou a ser polêmica pelo seu caráter transversal e conflitante, tanto no plano pessoal como no plano social, podendo gerar tensões na família, na escola, na sociedade e no próprio indivíduo. Compreender as formas de interação que os indivíduos assumem com as drogas, equivale a fazer uma análise crítica do processo de degradação das suas relações sociais, da perda de seus laços afetivos e familiares e das dificuldades de integração social.

Do ponto de vista da felicidade pessoal, as drogas tornam-se um problema quando as formas com que se busca diminuir a dor e negar o sofrimento e as formas de procurar o prazer mediante o consumo lícito ou ilícito trazem "prejuízos sociais" aos indivíduos, que claramente superam os benefícios pessoais imediatos.

Quando se trata da saúde mental, o consumo de drogas converte-se em problema quando traz uma clara diminuição da auto-estima e das potencialidades de crescimento pessoal. Na sua dimensão social, o problema ocorre quando o consumo individual de drogas traz como conseqüência direta a degradação da convivência e dos valores éticos morais de sociabilidade. Do ponto de vista profissional, o consumo de drogas é um problema quando seus efeitos negativos comprometem a produtividade do indivíduo.

Se caracterizarmos o problema do uso e abuso de drogas sob os aspectos individuais apenas, estaremos procurando responder à seguinte questão: até que ponto o consumo de drogas provoca no indivíduo uma falta de perspectiva para o futuro, uma baixa auto-estima e uma degradação das suas condições de sociabilidade? Entretanto, podemos por um momento inverter os termos de causalidade e enfocar o problema sob os aspectos sociais, e perguntar: em que medida a falta de perspectiva futura, a baixa auto-estima e a degradação das condições de sociabilidade constituem fatores sociais que interferem na tendência ao consumo de drogas?

A análise dessas dimensões envolvidas no problema permite considerar as causas que levam ao consumo de drogas com altos custos pessoais e sociais. Parece-nos que os aspectos contextuais da dinâmica social e cultural são mais fortes para a compreensão dos motivos e padrões de consumo de drogas que os aspectos pessoais.

Numa perspectiva mais ampla do problema, não é a dependência em si que devemos levar em consideração, mas os danos físicos, mentais e sociais provocados pelo uso contínuo de drogas. Nesse sentido, o problema relacionado com as drogas não se restringe ao "indivíduo que usa drogas", mas sim à necessidade de considerar o "indivíduo que usa drogas num determinado contexto sociocultural e as reações que este indivíduo provoca neste mesmo contexto". As dimensões que atualmente alcança o consumo de drogas no que se refere a algum tipo de dependência e restrição à liberdade humana nos levam a pensar nas conseqüências e nas formas de enfrentar as situações.

Hoje em dia é cada vez mais comum o indivíduo ajustar o seu mecanismo de auto-regulação a elementos externos, fora de seu controle. A dificuldade de dotar a vida pessoal de sentido ou de projeto pode estar na exteriorização das fontes de equilíbrio ou de bem-estar. O trânsito de consumidores ocasionais a esporádicos e destes a dependentes tem papel decisivo nessa crescente incapacidade de gerar internamente desejos de entusiasmo, inspiração, expressividade e criatividade, entre outros. Quanto mais se recorre ao consumo de drogas por dificuldades de auto-regulação, maior é o perigo de que o consumo se interiorize como parte indispensável da vida do indivíduo.

Para a maioria dos usuários de classe média, as drogas respondem pela velocidade de fragmentação de sua vida. Essa velocidade se apresenta a cada momento no mundo moderno como a possibilidade de se obter êxito rapidamente, ou correr o risco de fracassar de repente. É nessa velocidade entre um extremo e outro que convive a ansiedade pelo sucesso e o sentimento de que muitas coisas que passam pela vida podem ser perdidas, gerando a necessidade de consumir para compensar aquilo que não se consegue obter ou que se irá perder.

Sem dúvida, a fragmentação social tem gerado no jovem a necessidade urgente de pertencer a um determinado grupo, para buscar um espaço de identificação. Assim, o uso de drogas passa a ser um ritual de identificação de determinadas "tribos urbanas", um ritual em que o jovem relaciona a sua experiência com a droga, como um "salto transformador" de sua subjetividade. Não se trata de punir a existência desses grupos, mas de considerar as suas legítimas necessidades contextuais, para promover programas de prevenção persuasivos que os façam sentir-se mais compreendidos.

Tratando a temática num contexto ainda mais complexo, é possível vincular o problema do consumo a dinâmicas de desintegração social em que existem padrões de consumo muito diversos. Assim, podemos admitir que distintos grupos consomem distintas drogas, em distintos contextos e por distintos motivos.

Mesmo não sendo possível estabelecer relações lineares entre os fatores socioculturais e o aumento do consumo de drogas, podemos abordar o problema sob o enfoque interdisciplinar, que busca nos fenômenos culturais e sociais as pistas para compreender por que o consumo de drogas aumenta num determinado grupo social "vulnerável" como os jovens.

Um outro fator determinante do contexto é a frustração das expectativas e das condições de exclusão social que são próprias daqueles grupos vulneráveis, como são de maneira geral da juventude popular urbana. É esta que mais interioriza as promessas e as aspirações promovidas pelos meios de comunicação, por instituições como a escola, pelo *status* social e o consumismo nele contido. Assim, esses jovens são o resultado de uma combinação explosiva: a vivência de um processo prévio de aculturação em que interiorizam o seu potencial profissional como capacitado a produzir, no entanto, é logo frustrado quando encontram grandes dificuldades de inserção no mercado de trabalho; acrescido do maior acesso às informações e aos estímulos em relação aos mais novos e variados bens e serviços que constituem símbolos de *status* social. Esse somatório de fatores contribui para que os jovens tenham clara percepção de como outros têm acesso ao mercado de trabalho e aos símbolos do *status*, num esquema social que não lhes parece justo, nem tampouco eqüitativo.

Nesse contexto, o jovem sente falta de motivação para lutar contra tudo isso e produzir novos sentidos para a própria vida. Essa desmotivação talvez tenha um marco histórico referencial com o colapso dos projetos socialistas, que fez gerar um certo vácuo existencial, à medida que impede a plena identificação do jovem com a coletividade, com o movimento da história e com seus ideais. A falta de contextualização de seu projeto pessoal com o modelo de desenvolvimento econômico-social gera determinadas tensões nos jovens urbanos, sobre cujas causas prováveis podemos especular: porque é na juventude que se definem projetos e se problematiza a pergunta acerca do sentido vital e do horizonte de desenvolvimento pessoal e profissional; porque o mundo urbano (em contraste com o rural) é mais suscetível às raízes tradicionais, isto é, são mais nítidos os valores volúveis de referência e são menos nítidos os mecanismos de persistência.

Desse modo, o consumo é caracterizado como uma forma de compensar a vivência de um excluído ou marginalizado do acesso ao *status* social e a participação política. À medida que se usa e abusa do consumo de drogas, corre-se o risco de incorporar esse consumo como prática cada vez mais freqüente, em que os custos sociais são incrementados pelas dificuldades de ascensão e integração à vida política e cultural.

Grande parte desses jovens urbanos está radicada em assentamentos precários nos arredores das grandes cidades, e assim encontram "razões fortes" que os levam a buscar o uso de drogas para compensar a situação de marginalidade e privação. A miséria implica maior vulnerabilidade às drogas, tornando-se um dos mais difíceis problemas sociais a serem revertidos.

Para poder prevenir o uso de drogas em jovens, devemos levar em conta a vulnerabilidade do grupo, tendo de discriminá-lo por idade, sexo e nível socioeconômico. As estatísticas são conclusivas: jovem, sexo masculino, pouco integrado ao convívio e com baixo reconhecimento social concentra a maior vulnerabilidade como um grupo de risco para o consumo de drogas. É neste segmento socioeconômico-cultural que o consumo de drogas tem um maior custo social, pois perpetua condições de exclusão e fortalece a reprodução da pobreza.

Reconhecer os aspectos envolvidos na contextualização do problema das drogas na sociedade é um fator estratégico para implementar programas de prevenção no âmbito escolar, que pretendem recuperar a capacidade interna pessoal dos alunos em produzir estados de novos níveis de desejo e expansão que contribuam para o desenvolvimento pessoal, lutando ao mesmo tempo contra a alienação social.

Alguns aspectos educacionais envolvidos na prevenção de drogas no âmbito escolar

A juventude é um dos grupos sociais mais expostos e vulneráveis às drogas, razão pela qual o abuso lícito e ilícito passa a ser um problema no âmbito escolar, à medida que os alunos fazem da escola o seu espaço de afirmação, interação e socialização.

É na escola que os diferentes grupos de jovens se encontram, cada qual com suas experiências de vida e com "motivos" diversos para fazer uso de drogas. Nesse ambiente pluricultural, os jovens buscam a sua identidade, confrontando as suas aspirações e desejos com o que os pais e professores esperam deles. Desse modo, demarcam seus territórios, constituem seus "clãs", como uma forma de organização paralela em que a prática do consumo de alguma droga passa a ser o caminho natural e possível para pertencer ao grupo e compartilhar das suas intenções.

Nessa perspectiva, a escola é um ambiente social adequado e propício para desenvolver a problematização da temática, discutindo e elaborando estratégias de informação, orientação e intervenção para uma educação preventiva, em que participem alunos, pais, professores e a comunidade escolar e social em geral. Entretanto, esse espaço de discussão não é possível para aqueles que abandonam as escolas, nem tampouco acessível aos jovens que não estudam, e que, em algumas regiões do país, podem representar uma proporção considerável da população em idade escolar. Essa é uma das razões pela qual devemos considerar a necessidade de envolver a comunidade escolar e social para que participem das atividades desenvolvidas no projeto político-pedagógico da escola.

A implementação de uma educação preventiva contra as drogas requer um eficiente planejamento de atividades a serem desenvolvidas pela escola. Assim, para que essas atividades possam ser desenvolvidas a contento, a escola deve previamente atingir algumas metas, tais como: repensar o programa de conteúdos e objetivos das disciplinas, de modo que o problema das drogas seja contemplado; conhecer o grau de disseminação das drogas entre os alunos; possuir materiais didáticos como livros e vídeos especializados e atualizados sobre o tema, e, ainda, conseguir aglutinar alunos, pais, professores, funcionários, direção e especialistas em torno da discussão da temática.

Repensar o programa das disciplinas implica, de certo modo, considerar as drogas como uma temática social que integre e, ao mesmo tempo, seja integrada às diferentes áreas do conhecimento. Assim, considerando as drogas como um problema social emergente, podemos relacioná-las diretamente, mas sem restringi-las apenas, com a saúde — tema social e transversal, consolidado nos Parâmetros Curriculares Nacionais (PCNs).

O objetivo principal presente nos PCN para o ensino fundamental, na área da saúde, aponta para que os alunos sejam capazes de: "conhecer o próprio corpo e dele cuidar, valorizando e adotando hábitos saudáveis como um dos aspectos básicos da qualidade de vida e agindo com responsabilidade em relação à sua saúde e à saúde coletiva". Desse modo, os PCNs têm o intuito de promover a valorização social do tema como direito e responsabilidade pessoal e social. Responsabilidade necessária para o exercício da cidadania, compreendendo a motivação e a capacitação para a higiene pessoal, a saúde individual e coletiva.

Um dos possíveis encaminhamentos iniciais para orientar e desenvolver atividades que contemplem os objetivos acima expostos é adotar o modelo de informação científica para a educação preventiva contra as drogas. A temática pode ser abordada de modo que não provoque atitudes contrárias por parte daqueles que já são usuários, nem tampouco desperte a curiosidade daqueles que ainda não tiveram contato. Por isso, a necessidade de a escola envolver especialistas, como médicos, psicólogos, pedagogos e professores, no esclarecimento atualizado sobre o assunto. Expor as informações objetivamente, por meio de palestras, vídeos, discussões, simulações de situações reais; esclarecendo sobre o conceito, os efeitos, os riscos e os problemas orgânicos que as drogas podem causar a curto, médio e longo prazo.

Esse encaminhamento é um início, e não um fim, mesmo porque não podemos ser ingênuos em admitir que um aluno bem informado, do ponto de vista do conhecimento sobre as causas e efeitos das drogas no plano pessoal, torna-se responsável pelos seus atos e conseqüências e com isso se mantenha longe das drogas.

As informações acerca do conteúdo pedagógico das drogas são necessárias, mas não suficientes para que ocorra uma mudança de comportamento diante do problema. O conhecimento integral sobre as drogas faz parte de um processo mais amplo, em que o contexto sociocultural desempenha um papel importante na compreensão dos supostos motivos do consumo de drogas.

Se a educação preventiva enfocar apenas as informações científicas acerca dos efeitos das drogas sobre a saúde do indivíduo, pode ocorrer que muito desses alunos, por estarem bem informados, se achem suficientemente responsáveis e autônomos para assumir as conseqüências. Entretanto, os supostos "benefícios" que as drogas oferecem têm um custo pessoal e social muito alto, que apenas a compreensão das informações científicas não é capaz de avaliar. Uma abordagem preventiva deve considerar o indivíduo no seu contexto sociocultural, compreendendo a abrangência e a dimensão da complexidade do problema, integrando as conseqüências do uso de drogas ao plano social.

É nesse sentido que um levantamento da situação contextual da comunidade escolar e social é extremamente importante para planejar, elaborar, executar e avaliar as estratégias de enfrentamento de problemas atuais e reais que o consumo de drogas causa na escola. Esse levantamento diagnóstico deve procurar obter dados relativos à situação socioeconômica e educacional das famílias, à identificação dos fatores que influenciam ou causam o uso de drogas, bem como dados relacionados com os aspectos psicológicos, afetivos e emocionais dos alunos.

Com a contextualização do problema, a educação preventiva contra as drogas passa da dimensão informativa, em que as informações são necessárias mas não suficientes, para a dimensão formativa, em que o enfoque educativo está em estruturar novos estados de desejos e expansão para a liberdade humana.

As estratégias de ação para que esses níveis internos se estruturem no indivíduo devem favorecer o aparecimento de uma cultura antidrogas de preservação da saúde física e mental da comunidade escolar e social. Algumas atividades, quando planejadas e executadas pelos alunos e orientadas pelos professores, podem contribuir para a formação de uma cultura de prevenção contra as drogas, tais como: trabalhos em grupos, produção coletiva de textos, vídeos e encenações teatrais, entrevistas e debates com especialistas, bem como estimular a participação dos alunos em atividades esportivas e artísticas, facilitam o desenvolvimento de uma socialização saudável e afetiva, voltada para a valorização social da vida.

Desenvolver no aluno a percepção sobre si mesmo, do seu potencial produtivo, crítico e criativo assegura a estruturação de níveis de autoconfiança, competência, autonomia e responsabilidade.

Esclarecendo as dúvidas, eliminando os equívocos, revendo os valores, incorporando hábitos saudáveis de viver, as drogas deixam de ser o assunto principal, porque na construção de novos significados para a vida, elas passaram a ser fatores de restrição da liberdade.

Bibliografia

GRAEFF, F. G. (1989) *Drogas psicotrópicas e seu modo de ação*. São Paulo: EPU.

MASUR, J.; CARLINI, E.A. (1993) *Drogas: subsídios para uma discussão*. São Paulo: Brasiliense.

M.E.C. (1997) *Parâmetros Curriculares Nacionais: terceiro e quarto ciclos do ensino fundamental*, Introdução, versão preliminar. Brasília: Secretaria de Educação Fundamental.

SALETE, M. V. (1987) *A droga, a escola e a prevenção*. Petrópolis: Vozes.

SIQUEIRA, J. E.; NUNES, S. O. N. (orgs.) (1997) *Por uma sociedade sem drogas*. Londrina: Ed. da UEL.

Drogas: mal-estar e prazer

Paulo Albertini*

> A vida, tal como a encontramos, é árdua demais para nós; proporciona-nos muitos sofrimentos, decepções e tarefas impossíveis. A fim de suportá-la, não podemos dispensar as medidas paliativas.
>
> Freud

Nossa proposta neste ensaio é aproximarmo-nos do tema *drogas na escola* a partir de uma perspectiva psicanalítica. Para isso focalizaremos, basicamente, alguns trabalhos que Freud, já com mais de setenta anos, publicou nos últimos anos da década de 1920, quais sejam: *Inibição, sintoma e angústia* (1926), *O futuro de uma ilusão* (1927) e *O mal-estar na civilização* (1930).

Nesses escritos, o autor, de um lado, discorre extensamente sobre o desamparo, a fragilidade e o sofrimento humanos, e, de outro, explicita alguns caminhos que os homens têm tomado para lidar com essa condição, em última instância inevitável, de mal-estar. Cabe adiantar aqui que, dentre os diversos caminhos utilizados pelos homens para tentar aplacar a dor e obter algum prazer, Freud nomeia e comenta aquele que é objeto deste trabalho: o do uso das drogas.

Comecemos a mapear o campo freudiano, em direção ao assunto drogas, a partir da profunda empatia demonstrada por esse autor em

---

* Psicólogo, mestre e doutor em Psicologia pelo Instituto de Psicologia da USP, onde é professor da graduação e pós-graduação. É também autor de *Reich: história das idéias e formulações para a Educação* (Ágora, 1994) e co-autor de *Sexualidade na escola: alternativas teóricas e práticas* (Summus, 1997).

45

relação a uma característica básica da espécie humana: a sua incompletude original.

A marca dos primeiros anos: desamparo e dependência

Quando observamos um ser humano adulto desempenhando suas numerosas ações no dia-a-dia, temos pouca (ou provavelmente nenhuma) noção de como se formou, de como se estruturou aquela pessoa ao longo dos anos.

Para a psicanálise freudiana, essa estruturação se deu, basicamente, nos primeiros anos de vida e, em menor grau, ainda se dá por meio de um processo complexo de desenvolvimento.

Múltiplos fatores concorrem para a construção, sempre singular, de uma personalidade, mas, sem dúvida, um dos centrais é o mecanismo psicológico que Freud batizou com o nome de *identificação*. Laplanche e Pontalis assim definem esse conceito psicanalítico: "Processo psicológico pelo qual um indivíduo assimila um aspecto, uma propriedade, um atributo do outro e se transforma, total ou parcialmente, segundo o modelo dessa pessoa. A personalidade constitui-se e diferencia-se por uma série de identificações". (Laplanche e Pontalis, 1983, p.295)

É fácil observar os efeitos da atuação desse processo psicológico no convívio familiar; de repente notamos que o garotinho está com uma postura física que lembra o pai e, até no seu comportamento mais geral, tende a reproduzir certas características paternas.

Em outros termos, não nascemos prontos, não nascemos feitos, somos uma construção complexa na qual nossos vínculos amorosos primários desempenharam um papel fundamental. Nesse processo sofisticado de formação, o externo transmuta-se em interno, o fora torna-se dentro, o outro metaboliza-se em eu. Como afirma o psicanalista Renato Mezan, "sou quem amei; sou o que fiz de meus modelos, sou quem incorporei na voracidade absoluta de conter em mim o mundo". (1991, p.278)

Em suma, dois aspectos intimamente relacionados merecem destaque nessas observações a respeito dos primeiros anos de vida: o caráter inacabado desse novo ser e a importância do mundo na formação dele. Desse ponto de vista, seria mais correto afirmar que *vamos nascendo* ao longo dos nossos primeiros anos de vida.

Assim, segundo Freud, a formação de uma nova pessoa, intrinsecamente ligada à presença do outro, está relacionada com uma característica biológica peculiar da espécie humana — o longo período de tempo que esse ser permanece num estado de *desamparo e dependência*. Esse longo período de fragilidade acaba por deixar marcas profundas no homem. Vejamos como o próprio Freud explica o papel desempenhado pelo fator biológico humano.

"O fator biológico é o longo período de tempo durante o qual o jovem da espécie humana está em condições de desamparo e dependência. Sua existência intra-uterina parece ser curta em comparação com a maior parte dos animais, sendo lançado ao mundo num estado menos acabado. Como resultado, a influência do mundo externo real sobre ele é intensificada. (...) O fator biológico, então, estabelece as primeiras situações de perigo e cria a necessidade de ser amado que acompanhará a criança durante o resto de sua vida." (Freud, 1976a, p.179)

O que precisa ser observado, nessa situação humana primária, é a completa dependência do bebê para conseguir satisfazer suas necessidades de fome e sede. Em termos mais descritivos, pode-se dizer que a ocorrência de um estado de necessidade gera uma tensão interna que só consegue ser aliviada com a satisfação da necessidade. Como, sem a interferência do outro, a própria criança não possui meios para satisfazer suas necessidades, ela está condenada a vivenciar um crescimento progressivo dessa tensão. Assim sendo, não é por acaso que Freud vai localizar a fonte central das sensações de angústia do bebê numa reação a uma ameaça muito específica: *a separação da mãe ou de quem exerce esse papel*. Tal separação implicaria a vivência do estado de desamparo, na qual a criança, premida por suas necessidades, acaba entregue a um aumento, desagradável e incontrolável, de sua tensão.

Mesmo no adulto, situações que por suas características recordem o estado de desamparo infantil, desencadeiam o aparecimento de uma pequena dose de angústia no sistema psíquico. Esse sinal de angústia funciona como uma espécie de alarme e, imediatamente, ocorrem reações de caráter defensivo no indivíduo.

Dessa forma, a marca do estado de desamparo infantil permanece profundamente arraigada na mente adulta. Para tentar evitar a recorrência desse estado de fragilidade original, os homens desenvolvem uma série de ações protetoras. Talvez a mais utilizada dessas ações seja a da adesão a crenças religiosas. Observemos como Freud articula o fenômeno religioso com o tema do desamparo primário.

O amparo da religião

Qual o papel desempenhado pelas idéias religiosas na mente humana? Para responder a essa questão, de acordo com o prisma psicanalítico, devemos, de início, localizar a fonte motivacional dessas idéias.

Como já visto neste trabalho, o bebê humano, por causa de sua imaturidade motora e psíquica, vive num estado de profunda dependência em relação às pessoas que o cercam. Na verdade, ele vai estruturando seu jeito de ser basicamente por meio do mecanismo psicológico de identificação, a partir das imagens que possui a respeito das pessoas que cuidam dele. Dada essa situação de completa dependência, o seu pavor fundamental reside na perda desses objetos primários de amor.

Com o desenvolvimento maturacional da criança, a necessidade de cuidado, de origem biológica, vai progressivamente diminuindo e a gradativa separação em relação às figuras provedoras e protetoras da infância vai se impondo. Aos poucos, o novo ser humano vê-se no mundo, fonte de muitos prazeres, mas, também, de numerosas ameaças e perigos que pouco pode controlar.

Assim sendo, mediante a situação de impotência do homem diante dos poderes superiores do destino, mesmo no adulto forte e "pronto" para a vida, permanecem, como resquícios do primário estado de desamparo infantil, antigos desejos de proteção e cuidado. Para Freud, nada mais coerente e plausível que o ser humano imagine esse ser protetor como um pai ilimitadamente engrandecido, um pai moralmente justo e onipresente, um Deus.

É com essa argumentação que o autor entende a origem motivacional das idéias religiosas: *uma maneira de tentar aplacar a profunda sensação de desamparo sentida pelos homens.*

Sintetizando sua posição sobre as idéias religiosas, Freud afirma:

"São ilusões, realizações dos mais antigos, fortes e presentes desejos da humanidade. O segredo de sua força reside na força desses desejos. Como já sabemos, a impressão terrificante de desamparo na infância despertou a necessidade de proteção — amor de proteção através — a qual foi proporcionada pelo pai; o reconhecimento de que esse desamparo perdura pela vida tornou necessário aferrar-se à existência de um pai, dessa vez, porém, um pai mais poderoso. Assim o governo benevolente de uma Providência divina mitiga nosso temor dos perigos da vida". (Freud, 1974a, p.43)

Segundo essa perspectiva, a visão religiosa, seu sistema de doutrinas e promessas, fundamentada em desejos humanos primários, não deixa de ser uma ilusão, mesmo que seja uma ilusão compartilhada por boa parte da humanidade. Ela, sem dúvida, ajuda a viver, mas, ao mesmo tempo, mantém os homens num estado de infantilismo psíquico.

Em última análise, a posição freudiana em relação ao assunto religião aponta para a dificuldade que os homens têm em abandonar a proteção de que desfrutaram, ou que desejaram desfrutar, na infância. Assim sendo, mesmo mais preparados física e psicologicamente, continuamos nos sentindo indefesos diante da forte incerteza dos eventos da vida. Para poder conviver com a dura realidade cotidiana, munimo-nos de um arsenal de ilusões, que cumprem o papel de tornar mais suportável, mais palatável, a crua realidade.

Além do estado de desamparo primário, Freud entende que há na existência humana uma série de outras características que a tornam difícil de suportar sem a utilização de certas medidas paliativas — tal como a religião. Essas outras características estão vinculadas à chamada "vida civilizada". Focalizamos, a seguir, a insatisfação sentida pelos homens "civilizados".

Uma vida civilizada e... árdua

Uma apreciação global da obra freudiana permite afirmar que há uma tendência nos escritos desse autor em apontar, em revelar as múltiplas dificuldades presentes na vida humana. Nesse sentido, a orientação psicanalítica implica uma aproximação com a realidade sem qualquer tentativa de escamoteá-la, ou pintá-la com cores que possam ser mais agradáveis aos nossos olhos. Um claro benefício propiciado por essa forma de aproximação, além da própria vinculação ao caminho da verdade, seria podermos lidar melhor com os problemas humanos a partir de um maior conhecimento destes.

Dentro dessa orientação geral freudiana, de fiel descrição da dura realidade humana, certamente nenhum outro texto do acervo bibliográfico desse autor retrata com tanta nitidez, com tanta propriedade, as dificuldades experienciadas pelos homens, quanto *O mal-estar na civilização*. É nesse trabalho que Freud, buscando identificar as possíveis fontes do sofrimento humano, afirma:

"O sofrimento nos ameaça a partir de três direções: de nosso próprio corpo, condenado à decadência e à dissolução (...); do mundo externo, que pode voltar-se contra nós com forças de destruição esmagadoras e impiedosas; e, finalmente de nossos relacionamentos com os outros homens". (Freud, 1974b, p.95)

Sobre a primeira fonte, o nosso próprio corpo condenado..., pouco há o que acrescentar — com o passar dos anos, a cada dia vamos constatando a veracidade do vaticínio freudiano. A segunda recorda-nos a profunda fragilidade humana diante das gigantescas forças da natureza. Contudo, é essencialmente para a terceira dessas fontes que o autor vai direcionar sua análise — o sofrimento advindo do relacionamento entre os homens. Para Freud, esse relacionamento é marcado por algum descontentamento decorrente do fato de ele implicar, inevitavelmente, alguma renúncia, alguma restrição à satisfação dos fortes e exigentes impulsos humanos. Ou seja: *a civilização acarreta uma vida dentro de limites, de regras, de ordenações que os homens relutam em aceitar.*

Para entendermos essa posição teórica, é importante registrar que Freud concebe o ser humano a partir da idéia do *conflito inevitável*, tanto em termos intrapsíquicos quanto na relação indivíduo-cultura. Em outras palavras, no modelo desenvolvido por esse autor, não há lugar para uma suposta harmonia no sujeito e na relação deste com a cultura.

Em termos intrapsíquicos, o conflito pode ser observado na titânica tarefa do ego (a instância "executora" da personalidade), que deve realizar os desejos do id (a fonte última dos impulsos), segundo as considerações do superego (o representante dos padrões morais, éticos e estéticos) e da realidade externa. Freqüentemente, o ego, na sua imensa missão, lança mão de acordos provisórios para poder, em algum grau, conciliar as diferentes orientações provenientes de cada um dos seus exigentes senhores — o id com sua tendência para a satisfação irrestrita e imediata dos desejos, o superego centrado em considerações de ordem moral, e a realidade externa com suas próprias e fortes características.

Para explicar o conflito indivíduo-cultura, Freud postula uma hipótese histórica que passa pela própria origem da civilização.[1] Nessa hipótese, a comunidade humana civilizada teria dado os seus primeiros passos com a união dos mais fracos para combater o poder despótico exercido pelo fisicamente mais forte. Com a derrota do antigo chefe, que a todos submetia segundo as inclinações de sua vontade, o grupo de iguais formulou as regras que passaram a ordenar a vida de *toda* a comunidade, sendo

---

1. Civilização, para Freud, significa "a soma integral das realizações e regulamentos que distinguem nossas vidas das de nossos antepassados animais, e que servem a dois intuitos, a saber: o de proteger os homens contra a natureza e o de ajustar os seus relacionamentos mútuos". (Freud, 1974b, p.109)

que o marco fundamental dessa nova ordenação foi a proibição do incesto. Com essa proibição estava, portanto, instituído um cerceamento definitivo à satisfação irrestrita dos desejos humanos. Freud, revelando a dificuldade do homem civilizado em abandonar sua antiga vida, em que não havia a presença do tabu do incesto, observa que "os desejos incestuosos constituem um legado humano primordial e jamais foram plenamente superados". (Freud, 1976b, p.244)

Dessa forma, se no estágio anterior à civilização, no qual imperava a força bruta, havia a possibilidade de satisfação ilimitada dos impulsos humanos, agora, com a nova ordenação, todos deviam se submeter às regulamentações da comunidade. Assim, da liberdade irrestrita do indivíduo, segundo a "lei" do mais forte, passou-se para o poder da comunidade, que estabeleceu limites à liberdade de cada indivíduo em particular. É nesse sentido que Freud, em tom conclusivo, afirma sobre a liberdade na civilização: "a liberdade do indivíduo não constitui um dom da civilização". (Freud, 1974b, p.116)

Deve-se notar que toda essa elaboração freudiana está centrada na idéia de que o processo civilizatório, que a duras penas os homens tentam construir, não possibilita altos graus de satisfação dos desejos humanos. Esse processo, em termos prioritários, cumpre outras funções mais ligadas à busca de sobrevivência e segurança. Por fim, é importante sublinhar que a própria existência da vida civilizada só é possível graças à não satisfação plena dos impulsos primários humanos, pois é a cota de energia não satisfeita de forma mais direta, que vai ser desviada e utilizada, de maneira sublimada, para a realização de atividades humanas socialmente valorizadas.

Assim, em última instância, teoricamente fundamentado na idéia do conflito inevitável, Freud pôde discorrer de modo extenso sobre as dificuldades humanas. Para esse autor, a incompletude, o desamparo, a dor, a neurose, não devem ser vistos como meros visitantes esporádicos da residência do homem. Ao contrário, essas características são acompanhantes permanentes da moradia humana.

Essa profunda empatia com a dor gera nos textos freudianos uma *aproximação compreensiva* com as medidas tomadas pelos homens para suportá-la. É com essa atitude que Freud manifesta de forma enfática: "a vida, tal como a encontramos, é árdua demais para nós; proporciona-nos muitos sofrimentos, decepções e tarefas impossíveis. A fim de suportá-la, não podemos dispensar as medidas paliativas". (Freud, 1974b, p.93)

Na descrição das diversas medidas paliativas que, ao longo dos tempos, os homens têm tomado para poder suportar a dureza da vida, o autor observa que algumas estão mais centradas na meta de obter prazer, enquanto outras revelam mais o objetivo de evitar a dor. Assim, por exemplo, o ermitão procura defender-se de um possível sofrimento advindo do relacionamento com os outros homens, por meio de um isolamento voluntário. Enquanto isso, os amantes utilizam uma técnica oposta a essa e buscam, pelo relacionamento amoroso, um estreitamento de sua relação com o outro.

Ainda no texto *O mal-estar na civilização*, Freud utiliza uma esclarecedora metáfora para explicar os diferentes investimentos libidinais humanos. Segundo ele, tudo se passa como numa aplicação de um capital financeiro, na qual cada forma de aplicação possui seu potencial de benefício e, também, de risco. Assim, no caso do relacionamento amoroso, existe uma alta promessa de prazer e alegria, mas há também um elevado perigo de passar por dor e sofrimento. Já o eremita corre menor risco de sofrimento, no entanto, só pode almejar uma felicidade mais branda, uma felicidade do isolamento e da quietude.

Além do isolamento e do envolvimento amoroso, Freud lista uma série de outros caminhos que têm sido trilhados pelos homens. Dentre esses caminhos, a título de ilustração, destacamos os que envolvem uma adesão à fé religiosa (para Freud uma espécie de neurose, ao mesmo tempo protetora e limitadora, da humanidade), os que implicam um maior controle dos instintos (por meio dos chamados recursos psíquicos superiores do homem, como a vontade consciente), os que radicalizam esse controle e almejam um domínio dos instintos (Freud exemplifica esse caso com os praticantes da filosofia oriental ioga), os estilos de vida fundamentados na satisfação sublimatória dos instintos (aqui ganha especial relevância o prazer obtido com a criação e a fruição dos objetos e eventos artísticos), e a modalidade de vida que acarreta um elevado grau de abandono da realidade e a sua recriação delirante a partir dos desejos (a loucura psicótica promove uma alteração desse tipo).

Cada uma das medidas tomadas pelos homens, umas mais extremadas, outras mais brandas, possuem seus pontos fortes e fracos em termos de obtenção de prazer e alívio do sofrimento humano. Em diferentes momentos da vida aproximamo-nos mais de um ou de outro caminho e, comumente, utilizamos vários deles. Freud, numa postura ética e democrática, deixa claro que não existe uma medida ótima para todos. A seu ver, cada um deve descobrir, de acordo com suas particularidades, de que modo específico pode ser salvo.

Focalizaremos, no próximo tópico, aquele caminho, citado por Freud, que mais de perto nos interessa neste trabalho: o uso das drogas.

O caminho das drogas

De acordo com o objetivo de explicitar os diversos caminhos que os homens têm trilhado para, de alguma forma, lidar com a árdua realidade da vida, Freud, em síntese, tece as seguintes considerações sobre o uso das drogas: a) trata-se de um método que sempre ocupou um lugar de destaque na vida dos indivíduos e dos povos; b) elas atuam diretamente sobre o organismo e a sua eficácia reside no fato de, em última análise, todo prazer ou sofrimento ser uma sensação; c) nossos corpos contêm substâncias que, quando liberadas, produzem efeitos semelhantes aos obtidos com o uso das drogas — um exemplo desse fato é o estado patológico da mania, outro são as oscilações normais de humor presentes na vida cotidiana; d) elas produzem, de imediato, sensações prazerosas e geram uma certa independência do mundo externo, funcionando como uma espécie de "amortecedor de preocupações"; e) seu principal risco reside na produção de uma alienação em relação ao mundo, acarretando um não investimento libidinal na construção de um futuro melhor para a humanidade.

Uma leitura atenta dessas observações sobre o tema das drogas, formuladas originalmente por Freud no contexto de sua exposição sobre as dificuldades experienciadas pelos homens na existência civilizada, permite intuir as razões por que um grande número de pessoas tem seguido esse caminho. Afinal de contas, de maneira quase mágica e instantânea, o seu uso possibilita a produção de sensações prazerosas e, ao mesmo tempo, nos livra, pelo menos momentaneamente, das agruras da realidade.[2] Assim sendo, uma primeira atitude lúcida na abordagem desse assunto delicado seria não negar o enorme potencial de sedução presente no mundo das drogas.

---

2. Estamos nos referindo a usuários que já conseguem alcançar prazer com o uso de determinada droga. Essa ressalva necessita ser feita pelo fato de nem sempre as primeiras experiências com drogas serem geradoras de sensações prazerosas. No livro *Drogas: mitos e verdades*, de Beatriz Carlini-Cotrim, destinado ao público juvenil, a autora observa que, geralmente, o primeiro contato com o cigarro ou com a cerveja não é agradável.

Vamos adentrar um pouco mais no universo da drogadicção para podermos focalizar, com mais detalhes, algumas características básicas desse universo.

Em primeiro lugar, trata-se de um comportamento que tende a promover satisfação imediata — alteração do estado de consciência, sensação prazerosa... Esse pode ser um dos importantes fatores motivacionais que ajudam a explicar a adesão às drogas, pois, como bem mostrou Freud, a tendência primária humana é a de buscar satisfação imediata de suas necessidades. Só com o longo percurso da infância, no qual a educação infantil desempenha papel fundamental, é possível ao homem ir progressivamente aceitando adiar satisfações, de acordo com as inevitáveis injunções e limitações da realidade. Pode-se afirmar que o prazer imediato promovido pelo objeto droga acaba se associando a um modo de funcionamento psíquico mais infantil, um modo de funcionamento que os homens relutam em abandonar.

Um outro aspecto que chama a atenção nesse campo é a propensão, que muitas vezes se observa, do objeto droga ir abarcando cada vez mais espaço na vida de determinados usuários. Quando esse fenômeno ocorre de maneira acentuada, o mundo praticamente acaba reduzindo-se à estreita via das atividades associadas à obtenção e ao consumo da droga. Na metáfora da aplicação financeira empregada por Freud, é como se o sujeito fosse progressivamente diminuindo suas outras aplicações e chegasse a um patamar de investir todo seu capital num único negócio.

No consistente trabalho do psicanalista Décio Gurfinkel (1996) sobre toxicomania, o autor observa que freqüentemente o toxicômano, ao se livrar da dependências das drogas, estabelece uma nova relação de dependência, agora diante do tratamento e da instituição pela qual passou. Sem entrar aqui na complexidade interpretativa dessa ocorrência, tal fato sugere a dificuldade que certos sujeitos encontram em abrir mão de objetos totais e ideais de investimento. Essa observação aponta para a necessidade de investigar a relação específica que cada indivíduo estabelece com seu objeto droga.

Por último, cabe salientar uma outra particularidade que tende a acompanhar a drogadicção: *a passagem do registro do prazer para o da necessidade*. Se no início o usuário consegue dominar a sua relação com o objeto droga, e usufruir o prazer advindo dessa relação, com o passar do tempo muitos não conseguem mais viver sem a utilização, agora necessária e urgente, desse objeto. O que se observa nesses casos é uma imensa perda de liberdade, o indivíduo progressivamente torna-se um escravo daquele objeto mágico, sem ele nada é belo, nada tem graça, nada é possível. Certamente, um somatório de fatores, de diferentes ordens — biológicos, psicológicos, sociais e situacionais — contribui para o estabelecimento desse grau de vínculo com as drogas. Um objeto que nos acena para a saída do mal-estar, mas que, dependendo da relação que estabelecemos com ele, pode significar a entrada numa enorme prisão.

Qual o papel da escola no universo da drogadicção? O que ela deve e o que ela não deve fazer?

As drogas e a escola

Comecemos com uma questão central: o que a escola *não* deve fazer em relação ao assunto drogas?

Ela deve estar atenta para não contribuir com qualquer forma de rotulação, discriminação ou marginalização do usuário, eventual ou assíduo, de drogas. Além das óbvias razões humanitárias para proceder dessa maneira, não podemos esquecer que a escola, na figura de seus agentes institucionais, desempenha um importante papel na formação da identidade dos jovens. Uma ação desse tipo, vinda com o peso da autoridade de um agente socializador oficial como a escola, pode ajudar a sedimentar no usuário o estigma de não pertencer, de ser diferente, de não ter espaço no universo, supostamente "higiênico", do ambiente escolar. Estabelecida essa marca na identidade do jovem em formação, as possibilidades de alteração da situação tornam-se bem mais remotas.

Além disso, uma possível ação discriminatória e maniqueísta, que divide as pessoas segundo as categorias de "limpas" e "drogadas", como se isso fosse possível numa cultura extremamente permeada pelo uso das drogas como a nossa, contém em sua base uma representação simplista da realidade e, em termos da educação de jovens, bastante perigosa. Esse perigo reside na identificação do não-usuário como aliado da ordem, da escola e das autoridades; enquanto o usuário de drogas fica associado à rebeldia e ao questionamento da escola e das autoridades. Dadas a profunda necessidade e a imensa dificuldade que o adolescente tem de se separar de seu núcleo familiar, a fim de estabelecer-se como pessoa autônoma no mundo, ele pode vincular-se à representação do questionamento da ordem — leia-se questionamento dos pais, dos quais ele precisa separar-se — e, portanto, trilhar o caminho das drogas pela associação deste caminho com a contestação das autoridades.

De acordo com o conteúdo freudiano exposto neste trabalho, em vez de atitudes acusatórias e geradoras de discriminação, a educação escolar deve procurar compreender as razões que podem ter levado ao caminho das drogas. Qualquer forma de intervenção — e a aproximação para ouvir o outro já é uma forma de intervenção — deve incluir a busca de empatia com o outro, com sua forma específica de viver e suportar a dura realidade. Essa atitude está alicerçada na percepção de que somos todos frágeis e também temos as nossas formas, por vezes muito infantis e neuróticas, de viver.

Dentro dessa linha de atuação, não devemos desprezar a hipótese de que o jovem pode estar manifestando o comportamento de se drogar como uma forma de comunicar que algo não vai bem com ele, que ele quer ser ouvido e acolhido em suas dificuldades e necessidades. Nesse caso, o uso de drogas pode simplesmente estar revelando um forte pedido de socorro.

Por outro lado, além da postura de aproximação empática e escuta, a escola pode também fazer muito em termos de prevenção da drogadicção. Nessa área ganha relevância o mais amplo e honesto esclarecimento do tema. Fazer o que Freud, acreditando no potencial da faculdade intelectual humana, chamou de *educação para a realidade*. Ou seja, tentar munir o jovem de recursos, emocionais e intelectuais, que o instrumentalizem para enfrentar os problemas inevitáveis da vida.

Se a escola fizer isso, talvez a expectativa positiva depositada por Freud no desenvolvimento do homem tenha alguma chance de se concretizar. Vejamos um trecho em que o costumeiro pessimismo desse autor sai de férias e cede lugar para a esperança no amadurecimento humano alcançado por meio de um maior conhecimento e aceitação da árdua realidade da vida.

"Os homens não podem permanecer crianças para sempre; têm de, por fim, sair para a 'vida hostil'. Podemos chamar isso de '*educação para a realidade*'." (Freud, 1974a, p.64)

Por fim, cabe observar que a escola pode e deve fazer muito, mas não pode fazer tudo. O que precisa ser apontado é que, além das dificuldades inerentes à vida civilizada, exaustivamente mostradas por Freud, devemos acrescentar aquelas que são decorrentes dos dias sombrios que estamos vivendo. É lúcido supor que para as pessoas investirem sua energia na construção social, e não no consumo de drogas, por exemplo, esse social deve, em algum grau, atrair e merecer o investimento. Acontece que inseridos numa época de extrema insegurança social, marcada pela falta de projetos coletivos e por um estilo de vida próximo ao "salve-se quem puder". Nesse contexto sociocultural, é compreensível, mas lastimável, que a "solução", bastante sedutora, oferecida pelas drogas seja fortemente buscada. Em última análise, ela é coerente com este mundo que nos oferece "saídas", na maioria das vezes, individualistas.

Bibliografia

CARLINI-COTRIM, B. (1998) *Drogas: mitos e verdades.* 4ª ed. São Paulo: Brasiliense.

FREUD, S. (1974a) O futuro de uma ilusão. In: *Edição Standard Brasileira das Obras Psicológicas Completas.* (vol. XXI) Rio de Janeiro: Imago. (orig. 1927)

_____. (1974b) O mal-estar na civilização. In: *Edição Standard Brasileira das Obras Psicológicas Completas.* (vol. XXI) Rio de Janeiro: Imago. (orig. 1930)

_____. (1976a) Inibições, sintomas e ansiedade. In: *Edição Standard Brasileira das Obras Psicológicas Completas.* (vol. XX) Rio de Janeiro: Imago. (orig. 1926)

_____. (1976b) A questão da análise leiga. In: *Edição Standard Brasileira das Obras Psicológicas Completas.* (vol. XX) Rio de Janeiro: Imago. (orig. 1926)

GURFINKEL, D. (1996) *A pulsão e seu objeto-droga: estudo psicanalítico sobre a toxicomania.* São Paulo: Vozes.

LAPLANCHE, J.; PONTALIS, J.-P. (1983) *Vocabulário da psicanálise.* São Paulo: Martins Fontes.

MEZAN, R. (1991) *Freud: a trama dos conceitos.* São Paulo: Perspectiva.

Drogas etc.

Auro Danny Lescher*

> *De fato, nada aprendi sem que tivesse partido, nem ensinei ninguém sem convidá-lo a deixar o ninho.*
>
> Michel Serres

Ainda que seja arriscado trazer o código psicopatológico aos acontecimentos do dia-a-dia, às vezes a força da metáfora ganha espaço, pois sintetiza e olha de beirada, ajudando a reflexão.

A nossa velha nova civilização ocidental, tropical, apresenta-se em franco quadro de sofrimento explícito, uma mistura de elementos melancólicos com outros esquizofrênicos.

MELANCOLIA...

A histeria foi, na Europa do final do século passado, o mal psíquico da civilização. Freud inicia sua fundamental contribuição ao entendimento dos labirintos da mente humana usando a histeria como campo clínico e porta de entrada.

Cem anos depois, neste limiar de terceiro milênio, a nossa dor psíquica é a depressão. Mascarada, entortada, convertida.

---

* Médico psiquiatra da Escola Paulista de Medicina, Unifesp, com especialização em farmacodependência no Centro Norman Zimberg de Harvard e no Centro Médico Marmottan de Paris. Coordenador do Projeto Pixote, junto a crianças e adolescentes de/na rua. Co-autor de *Dependência, compreensão e assistência às toxicomanias* (Casa do Psicólogo, 1996).

Nas últimas duas décadas, a indústria farmacêutica lançou num mercado de deprimidos e ansiosos pelo remédio mais eficaz, os de última geração, dezenas de marcas diferentes de antidepressivos. Bilhões de dólares de lucro.

Experimente o leitor entristecer-se por duas semanas, logo um vizinho, um amigo, alguém enfaticamente sugerirá um *Prozac* por dia. Para que ficar triste...?

Consumo, logo existo...

Mais uma expressão dessa melancolia coletiva é a riqueza do narcotráfico, equiparável à das armas ou à do petróleo. Muito se produz porque muito se consome.

A cocaína e seus derivados têm sucesso garantido porque nos transformamos, ao longo do tempo, em uma civilização de consumidores compulsivos. Viramos uma sociedade *fast-food*, Coca-Cola.

Farmacologicamente, a cocaína age no sistema nervoso central exacerbando esse impulso ao consumo. Qualquer um que cheirar uma carreira de pó vai querer outra, e outra... A cocaína é a expressão química de uma sociedade que consome com voracidade, além, obviamente, de seu efeito psicoestimulante, "antidepressivo".[1]

A cocaína globalizada conta com milhões de consumidores, grande porcentagem entre os jovens. Por que tanta gente e por que tanto jovem?

O jovem vive sob o mito do herói. Adolescer é ousar, experimentar. Expandir e retrair, do talo à pele. O jogo com a lei e sua transgressão faz parte do processo, tanto quanto as espinhas na cara ou as paixões em estado bruto. É fundamental para a estruturação dos seus próprios limites o questionamento dos limites que lhe são impostos "de fora", e isso não tem nada a ver com delinqüência ou psicopatia.

Nas sociedades ditas *primitivas*, a passagem de uma fase à outra da vida é fortemente ritualizada: o menino do Alto Xingu fica restrito à sombra das ocas até aprender a lutar como um guerreiro, a pescar, a esculpir um remo e manejar o arco e a flexa... Ritos de passagem de que o jovem da nossa sociedade não dispõe de maneira tão marcada. O coletivo, o social, não lhe oferece uma rede de apoio que sinalize essa intensa travessia; muito ao contrário, estamos rodeados de adultos que, como

---

1. No início do século a cocaína era vendida em farmácias fazendo parte de fórmulas fortificantes.

modelos de identificação, exercem uma perversa influência, de um político corrupto a um traficante burro. O coletivo esfacela-se diante do individualismo melancólico do mundo adulto.

O tema das drogas é atravessado caleidoscopicamente por múltiplas inscrições: desejantes, institucionais, ideológicas, sociais, culturais, políticas etc. É necessário saber que há vários "usos" de substâncias psicoativas ao longo da história da humanidade e que as tensões da condição moderna convergem e coagulam-se no problema da droga.

Aldous Huxley, em *As portas da percepção,* afirma que o homem sempre buscará umas "férias químicas de si mesmo". Essas substâncias estão impregnadas na carne milenar das múmias do antigo Egito e são por nós consumidas no cafezinho da esquina, na cerveja do churrasco de domingo, no *Lexotan* que a dona de casa toma toda vez que se sente ansiosa, por exemplo, quando acha maconha na gaveta do filho adolescente...

Existe uso recreativo das drogas psicoativas? Não há como negar: sejam aquelas compradas no bar, as que a televisão vende, ou aquelas da bocada que enriquecem perversos traficantes.

Já vi mutilações psíquicas irreversíveis em jovens que foram inadequadamente tratados como toxicômanos, quando, na verdade, o consumo de alguns "baseados" era mais um ritual de passagem nessa conturbada fase da vida, provavelmente, como ocorre na grande maioria das vezes, sem complicações para o futuro. Jovens que chegam a ser internados em instituições diversas, que estigmatizam e empobrecem, ao longo do tempo, a riqueza do ser. Cronificam-no num diagnóstico psiquiátrico, construído de maneira arbitrária e enormemente deformador.

A dependência é um buraco negro que suga a subjetividade e empurra a pessoa a uma zona de exclusão moral e de intenso sofrimento: isolamento e opressão. Uso eventual e dependência são situações completamente diferentes.

Quando o uso vira dependência? Em que tom de cinza o branco vira preto? Pergunta sem resposta. Qualquer ser humano, quando privado de liberdade, situação inexorável no processo da dependência, mostrará sinais desse sofrimento. A questão fundamental é saber se somos capazes de enxergar, por trás do véu opaco das construções moralistas ou aterrorizadoras que a mídia insiste em produzir, a sutileza e a fragilidade daquele que sofre.

Quando um professor, um diretor, a escola expulsa um aluno "drogado", necessariamente o coletivo será afetado, sinalizando falta de generosidade e competência para lidar com situação tão singular. Condenará de imediato à condição de clandestinidade e de mais isolamento os outros colegas que eventualmente estejam tendo algum sofrimento com o lado sombrio que algumas drogas não tardam em mostrar. Não deixarão de ser clandestinos sob pena de serem excluídos, como a própria expulsão lhes mostrara. Perde-se, assim, mais uma chance de a escola ser implicada, junto com a família, no acolhimento desse jovem em apuros. Varreu-se a sujeira para baixo do tapete.

Há uns dez anos fui procurado por um grupo de professoras de uma escola municipal para deficientes auditivos que fica na periferia de São Paulo. Estavam absolutamente angustiadas e paranóicas. A hipótese, originada pela observação de um vigia, era de que um grupo de três estudantes estava andando com uma turma de reputação pouco elogiosa. Todos adolescentes moradores da mesma comunidade. Imaginava-se que pudessem estar fumando maconha.

Fui ouvindo atentamente, percebendo que estavam ofuscadas e paralisadas diante daquilo que sequer havia sido confirmado como dado de realidade. Era pânico. Perguntei-lhes sabendo que a resposta seria fortemente afirmativa:

"Imagino que seja objetivo de vocês, além da educação formal matemática, português etc., trabalhar a questão da deficiência auditiva de seus alunos como algo que não os faça se sentir excluídos do grupo de seus pares (adolescentes)."

"Sem dúvida!", responderam em uníssono.

Com muito cuidado, para que não me interpretassem mal, pois poderiam achar que eu estava subestimando a intensidade daqueles acontecimentos, arrisquei:

"Será que isso tudo não mostra também que vocês estão conseguindo que os seus alunos adolescentes interajam com os outros, mesmo sendo portadores de uma deficiência física?" Que belíssima conquista!

Aliviadas com a possibilidade de uma outra perspectiva, não conseguiram disfarçar pálido orgulho. Começamos então a conversar com mais tranqüilidade, com os espíritos desarmados, provavelmente com maior chance de agirmos de modo adequado.

Por que será que quando nos aproximamos de temas "quentes" como drogas ou sexualidade com freqüência ficamos incomodados? É como se desligássemos certos circuitos mentais do bom senso e nos deixássemos à mercê das formas estereotipadas de manejo das situações habitualmente impregnadas, viciadas. Tanto melhores serão nossos resultados quanto mais atentos e críticos estivermos em relação a atitudes preconceituosas e cristalizadas.

Cada vez mais me convenço de que *prevenção* de drogas, de AIDS etc. é muito mais desconstrução dessas estereotipias do pensamento do que propriamente a construção, a informação. Ela é importante, sem dúvida, mas sem um trabalho de desmontagem de preconceitos, o resultado pode ser trágico. Vejamos.

A associação dos temas AIDS e drogas acabou por denunciar uma histórica incompetência: a medicina (e mais precisamente a psiquiatria), antes do surgimento da AIDS, não era capaz de abordar a toxicomania sem confundir dependência com psicopatia, dependente com delinqüente.

A epidemia traz consigo uma indagação fundamental: será que o dependente é mesmo um ser inabordável? Ou será, de outro modo, que os instrumentos éticos e ópticos habitualmente utilizados para essa abordagem têm sofrido de severa miopia?

Claude Olievenstein, diretor do Centro Marmottan de Farmacodependências de Paris, referindo-se à toxicomania, belisca a platéia numa palestra, ao propor que, por mais paradoxal que possa parecer e por mais contraditórios que sejam os resultados, pode-se dizer que de certo modo o advento da AIDS tranqüilizou. Afinal temos ali os estigmas de uma verdadeira doença: testes, balanços biológicos, tratamentos de prevenção e boa consciência das associações de caridade.

A virulência biológica é também moral, tanto na AIDS como na dependência de drogas. O sofrimento dos que perdem a liberdade em relação ao desejo, ao corpo ou à própria vida faz latejar nossa humana responsabilidade e nos impulsiona a agir.

Ação e alteridade, generosas ao diferente. A alma da solidariedade. Qualquer estratégia de prevenção deve operar segundo esse elemento ético, que condena a exclusão e privilegia a multiplicidade. As singularidades são imunológicas, psicodinâmicas, familiares, culturais.

A escola tem responsabilidade na transformação das projeções sombrias dos estudos epidemiológicos cuja função, sempre, é nos servir de alerta.

Não basta propor informações sobre sexo seguro ou sobre o uso/abuso das drogas principalmente se forem passadas como quem propõe uma pedagogia do desejo: "aprenda a transar" ou "aprenda a se livrar das drogas". Elas têm de estar acompanhadas de um trabalho de construção de solidariedade no cotidiano e no coletivo, na capilaridade, no microssocial — o que supõe, necessariamente, esse trabalho realizado dentro de nós mesmos.

Se, no início da década de 1980, toda a sociedade não tivesse lidado com a questão da AIDS como um problema do outro, distante, um problema dos "grupos de risco", isto é, *gays* e drogados, provavelmente não estaríamos vivendo esse estado de pandemia.[2]

Ouso afirmar que a demora de duas décadas para começarmos a lidar com a AIDS como sendo um problema de todos e de cada um de nós, um problema que envolve "comportamentos de risco" e não "grupos de risco", talvez tenha sido o maior equívoco cometido pela medicina neste século.

Será que, ao expulsarmos aquele aluno "drogado", não reeditaremos em menor escala a mesma exclusão?

Por que privarmos em nós mesmos, educadores, a criatividade bem nessas situações demasiadamente humanas, intensas? "Transversalizar" o tema das drogas na escola tem de ser um desafio. Devemos nos aproximar da espontaneidade e perder o medo de fantasmas fabricados que acabam por nos distanciar da invenção e da ousadia. *Penso, logo invento...*

ESQUIZOFRENIA...

A esquizofrenia que nos atravessa se expressa nos semáforos dos cruzamentos nas grandes cidades. *Esquizo* deriva do grego e significa cindido, dividido. Esquizofrenia é a loucura da divisão, da dissociação, da cisão.

Ocorreu-me esta categoria nosológica enquanto caminhava despreocupado pela esfumaçada avenida Paulista, início da noite. Comecei a ouvir vozes que vinham de dentro de uma lata de lixo colorida: vermelha, verde e azul, dessas de lixo reciclável. Eis que aparece das entranhas de ferro uma cabeça despenteada e falante. Um garoto de rua que, de sua escotilha azul, fazia misturar a fumaça da avenida com a do *crack* que fumava.

Enquanto a miséria enclausura-se cada vez mais nas latas reviradas de lixo, uma outra realidade igualmente metálica define-se indissociável daquela. Consumidores de *Prozac* e de shopping center, que almoçam

---

2. Duas décadas depois do início da história da AIDS, na abertura da 12ª Conferência Mundial, de 1998, o ministro da saúde dos EUA reconhece publicamente o erro na política até então praticada pelo governo, contrária à implantação de programas de trocas de seringas para usuários de drogas injetáveis.

espasmodicamente ao lado de seus celulares, que compram segurança privada, portões eletrônicos, e temem o seqüestro; que vivem em bolhas de Primeiro Mundo mais que artificialmente felizes, esquizofrenicamente cindidos.

Tem *Prozac* na caixa d'água do Brasil?!

E os consumidores dessa água tratada podem, pois, não se incomodar com a aparição súbita de um garoto de oito anos, descalço, atrás da janela fechada, pedindo dinheiro ou vendendo *Mentex*.

Perverso mecanismo este que transforma o resíduo do sistema em combustível de si mesmo ao fazer da violência um bom negócio; que deixa brechas para que o crime se associe ao Estado. E onde está a dimensão humana desse tal de neoliberalismo que, às vezes, é modernidade, e outras xingamento? Ou será que esses dois genocídios, o físico do *crack* e o moral do *Prozac*, são meras circunstâncias extirpáveis dessa insana sociedade e se ajeitarão conforme as leis de mercado e os números dos economistas?!

Merecemos esses dois artifícios químicos que ratificam nossa patologia e matam nossa indignação?

Somos uma sociedade de "tecnólatras" vorazes pelo consumo do equipamento mais moderno ou do humor mais adequado. Transformamos nossos corpos consumindo anabolizantes e gerenciamos nossas mentes com psicoestimulantes, lícitos ou ilícitos.

O sorriso plastificado do *Prozac* e a magreza acinzentada do *crack* são exemplos extremos de uma "tecnocracia" selvagem.

Qualquer estratégia, digamos, *clínico-política* deve trabalhar buscando uma aquisição e ampliação de consciência. A consciência fundamental de *pertencimento*. Uma consciência do coletivo, da existência de uma rede que pode multiplicar-se em mais consciência. Leve e generosa ao diferente, ao outro. Uma pedagogia e um engendramento.

A educação da cidadania supõe o seu exercício. Nós precisamos "merecer a bossa-nova"! A genuína, endógena de sangue mestiço e tons brasileiros, aquela que aparece espontaneamente nas ruas. As vendas de cafezinho fiado crescem pois a dignidade aumenta. E o povo precisa ser digno dessa coisa mais banal e cotidiana: a cidadania miúda. Essa, do pedestre ter sempre a tranqüilidade de atravessar a rua na faixa listrada que leva o seu nome; ou voltar a distinguir cautela de paranóia quando deseja passear. Merecemos ver o barquinho que passa ou a moça bonita numa tarde em Ipanema, ou no Iguatemi.

Ou construímos essa consciência crítica ou, impotentes, sucumbiremos ao fato de todo o nosso lixo ser reciclável e produzir sintomas:

balas perdidas, úlcera ou melancolia. Aí só o que nos restará é optar: *crack* ou *Prozac*.

Tão lacônico quanto abrangente, o título deste capítulo — Drogas etc. — busca dar o timbre de uma mensagem: a multiplicidade e a intensidade humanas que percorrem o tema das drogas têm de ser levantadas em consideração; características farmacológicas da substância, contexto histórico e cultural e a singularidade subjetiva do consumidor.

Em tempos repletos de frágeis soluções e de falsos problemas temos de redobrar a atenção para não cairmos em ciladas, pensamentos simplistas e ações equivocadas, aquelas guiadas por ímpetos moralistas.

Dentre tantas perguntas, a última faz o poeta: como poderemos entender o dançarino fora da dança?

Bibliografia

CALVINO, I. (1991) *Seis propostas para o próximo milênio*. São Paulo: Companhia das Letras.

FREIRE, P. (1996) *Pedagogia da autonomia*: saberes necessários à prática educativa. 2a. ed. São Paulo: Paz e Terra.

LESCHER, A. I. (1996) O mais profundo é a pele. In: SILVEIRA FILHO, D. X.; GORGULHO, M. (orgs.) *Dependência, compreensão e assistências às toxicomanias*. São Paulo: Casa do Psicológo.

OLIEVENSTEIN, C. (1977) *Il n' y a pas de drogués heureux*. Paris: Laffond.

SERRES, M. (1993) *Filosofia mestiça*. Rio de Janeiro: Nova Fronteira.

A droga, o adolescente e a escola:
concorrentes ou convergentes?

Simone AlBehy André*
Maria Cristina Gonçalves Vicentin**

Neste artigo pretendemos sugerir uma alteração nas sensibilidades habituais sobre a droga, o adolescente e a escola para atingirmos uma mudança de patamar com relação à compreensão predominante que esses três temas quando articulados têm evocado nos tempos atuais.

Vamos propor uma forma de olhar para esta questão social que não se apresse em equacioná-la simplesmente suprimindo um de seus elementos: a droga. Ou culpabilizando outro: o adolescente. Ou ainda, denunciando a escola como fonte de todos os males.

Enfrentar uma questão desse porte implica vê-la em sua dimensão de desafio social que toca a vontade política do mundo adulto, da juventude e da escola em conhecê-la e buscar solucioná-la.

A droga

Habitualmente, tendemos a pensar, sentir e agir com relação às drogas tomando-as como demoníacas ou paradisíacas e construindo em torno delas uma infinidade de mitos e culpas que em nada têm contribuído para entendermos o quão facilmente elas se instalam entre nós.

Referimo-nos à "demonologia pseudocientífica" que vem se tecendo em torno das drogas: as drogas ilegais vêm encarnando o supremo

---

* Psicóloga e psicanalista atuando na promoção e defesa dos direitos da criança e do adolescente junto ao grupo *Oficina de Idéias*.

** Psicóloga, mestre em Psicologia Social e doutoranda em Psicologia Clínica pela PUC/SP onde é professora do Departamento de Psicologia Social. É também integrante do Grupo *Oficina de Idéias* e co-autora de *Sexualidade na Escola*: *alternativas teóricas e práticas* (Summus, 1997).

mal da época, e a fonte de outros tantos males: a desintegração familiar, a delinqüência, muitas formas de violência, enquanto as drogas legais vêm encarnando a promessa de paraísos artificiais e de conquista de bem-estar.

Se tomamos as drogas como demoníacas ou paradisíacas, as instalamos como forças tão distantes do mundo humano que deixamos de ver com que forças humanas elas se agenciam.

A dimensão das drogas que buscamos evidenciar é a dos valores humanos que agregamos a elas, que, em si mesmas, isoladas de uma ecologia humana, podem ser ditas inofensivas.[1]

Com muita freqüência pensamos as drogas pelo seu valor de troca, de produto de consumo, regrado pelas leis de demanda e oferta, com seus produtores e consumidores. E é geralmente desse ponto de vista que são combatidas: reprimindo-se sua produção ou distribuição e controlando seu consumo.

Com relação aos valores, costumamos esquecer um outro sentido da palavra, o sentido que ela adquire no mundo social: valor "é a força capaz de tirar o homem de sua indiferença". (Gastaldi apud Costa, 1998)

No mundo social a droga agencia-se com as forças capazes de alterar nossa inércia existencial. Esse valor das drogas é o que temos negligenciado em nossas maneiras de lidar com elas. Ao contrário, a predominância da droga associada ao valor de consumo pode ser observada de muitas maneiras.

Privilegia-se "desintoxicar" o usuário, ajudá-lo a abster-se do consumo, com experiências de sacrifício pessoal e exorcismo dos maus hábitos. As piadas que ouvimos sobre o abandono de vícios são reveladoras: "É fácil parar de fumar, eu paro todos os dias".

Para a maioria de nós, humanos, desintoxicar ou simplesmente interromper o uso é o primeiro passo para sua retomada. Os sacrifícios sobre-humanos contra as drogadicções são armadilhas fáceis para as recaídas, ou nos custam grandes empobrecimentos existenciais: não somos santos.

Além disso, explicar o fenômeno da drogadicção a partir da pretensa dependência que as substâncias geram, na linha "a droga faz o drogado", tem produzido um efeito de narcotizar a discussão em torno dessa

---

1. Coincidimos na nossa concepção sobre as drogas psicoativas com pensadores que a entendem como potência, como um agente químico que amplifica os fenômenos, seja de ordem psíquica ou relacional. (Rotelli, 1991).

problemática: privilegia-se descrever e classificar os diferentes tipos de substâncias e seus efeitos nocivos e não se pensa nas práticas sociais em que o consumo se inscreve ou nas lógicas sociais que podem estar propiciando o consumo.

Uma outra tentativa de investigar o tema, que nos parece produzir uma intensa intoxicação na sua compreensão, é a busca dos porquês do uso de drogas colocada sempre fora do ponto em que a droga se cola nos valores humanos. Nosso maior vício tem sido buscarmos incansavelmente os porquês do uso abusivo de drogas, encontrando vários culpados — o tráfico, a sociedade de consumo, a falência da família, a estrutura psíquica do usuário etc. — e detendo-nos menos em sacar a solução-desafio que a droga aponta para cada um de nós.

A mudança de patamar a que nos referimos no início, implica deixarmos de olhar a droga como um problema tóxico para o social e passarmos a olhá-la naquilo que aponta a uma solução.

Não se trata de "tomar o mal como uma virtude" (Serres, 1989), mas de perceber como as drogas tocam nas forças capazes de nos tirar de nossa indiferença e como construir valores sociais capazes de produzir imunidades diferentes em relação a ela.

O uso de drogas, neste ponto, é muito parecido com a violência. Não é possível bani-los do mundo humano, mas podemos transformá-los em forças capazes de nos mover a construir coletivamente a vida. Como nos ensinou Freud, ao pensar o mal-estar na cultura, muitas de nossas virtudes terão de brotar dessa face adicta e violenta que temos. A violência emerge porque temos de reinventar as maneiras de lidar com o convívio com nossos diferentes, sem nos valer de códigos genéticos ou de tradições imutáveis que comandem nossas condutas.

Tendemos à adicção porque não estamos protegidos de nossos desejos. O filósofo Michel Serres nos lembra que os animais não se drogam: "os homens se encontram lúcidos, jogados no tempo e expostos diretamente à morte, ao contrário dos animais que não têm dela nenhuma percepção. A palavra existência não significa outra coisa que distância do equilíbrio e falsa segurança vertiginosa". (1989, p. 1).

Se a droga é potência produtiva ou antiprodutiva, mortífera ou vital, prazerosa ou destrutiva, dependerá da qualidade de encontros que se processarão entre ela, as pessoas e as montagens sociais.

Eis o desafio que a droga impõe: a qualidade de quaisquer dos nossos encontros poderá ser mortífera ou vital. Um dos maiores desafios humanos é tornar a própria vida vital antes da morte. Essa é uma questão do Nosso Tempo: tornar a vida intensa, produtiva, feliz, solidária.

Se usamos todo Nosso Tempo para eliminarmos as drogas, perderemos a chance de desafiá-las a nos ensinar a aprender, a ser, a conviver e a fazer de modo intenso e vital.

Abordar a droga como um desafio social e não como um dano social é o primeiro passo para desintoxicarmos nossa compreensão do problema.

O adolescente

O jovem tem ocupado para o Nosso Tempo um lugar certamente problemático. Na maior parte das vezes o que emerge do mundo adolescente ecoa no mundo adulto como impertinência, como apatia, como doença, como delinqüência. São muitas as produções científicas sobre a juventude que desconhecem ou negam suas potencialidades: a juventude vista como subcultura marginal e delinqüente; como população em risco; como etapa transitória, na qual se está, mas todavia, não se é. São extensas também as atribuições moralistas em torno da juventude: "juventude sem valores"; "juventude desviada"; "juventude violenta".

A adolescência tem-se tornado incômoda na mesma medida em que põe em questão de modo crucial que a vida seja intensa, que o convívio seja feliz, que o tempo seja produtivo.

É a adolescência que apela ao mundo adulto pelos antídotos para os mal-estares do convívio, pelos recursos para arregimentar forças para produzir e pela bússola que concilie uma liberdade responsável e feliz.

Com responder a este apelo? Não por acaso, voltamos a uma questão parecida àquela que nos introduziu no tema das drogas: a adolescência surgindo como um problema incômodo diante das nossas mais enigmáticas questões — o tempo, a morte, o convívio, a felicidade.

Os adolescentes e as drogas têm convergido desastrosamente no chamado ao Nosso Tempo por uma mudança de sensibilidade quanto ao modo de configurar os desafios sociais.

As adicções do mundo adulto: afogar-se disciplinadamente no trabalho, nas compras, na bebida, no cigarro, no futebol, na política, no sexo, na informação, na novela, na farmácia... tendem a traduzir-se na juventude em adicções desordenadas pelos ícones de seu tempo e, por vezes, em drogas potencialmente mais destrutivas.

O que parece aumentar a insegurança que essas adicções jovens produzem no mundo adulto é que estamos legando à juventude uma imensa dívida social: a dificuldade em produzir valores capazes de nos mover para longe da indiferença e da intolerância para com os diferentes, para longe da inércia diante dos desafios de conciliar nossos desejos de felicidade.

Saldar essa dívida com relação à juventude significa começarmos a trabalhar no presente do futuro.[2] Se o mundo adulto abandonar seu projeto atual de felicidade em nome de um bem-estar futuro, não estaremos legando aos jovens mais que nossa dívida existencial. Se, ao contrário, construirmos hoje, no cotidiano das nossas relações com os mais jovens, um projeto de viver intenso, solidário e feliz, asseguramos no presente as condições para inventar um futuro.

Qual é o presente do futuro do Nosso Tempo? Pela primeira vez na nossa história teremos a chamada onda adolescente, pois a década que irá de 1995 a 2005 comportará a maior participação relativa de adolescentes no conjunto da população brasileira. Em 1995 já tínhamos 15,8 milhões de jovens entre quinze e dezenove anos, o que representa 10,4% da população brasileira. Isso significa que nossa geração de adultos terá de lidar especialmente com os desafios da juventude.

Esses desafios podem ser traduzidos em tornar-se autônomo, solidário e competente para aprender, conviver, amar e trabalhar. As oportunidades de desenvolver essas capacidades mudam de acordo com as pertinências socioeconômico-culturais de cada jovem.

No entanto, temas como o abuso de drogas e violência afetam destrutivamente o cotidiano da juventude qualquer que seja sua pertinência social: uns abusam de drogas "apesar de terem tudo", outros "para suportar o pesado cotidiano da sobrevivência" e outros "por não ter nada a perder".

Se pensamos a droga como tentativa de potência, e se a desafiamos a nos apontar soluções, é possível supor que, entre a onipotência e a impotência das juventudes sugeridas acima, o que se revela é que ainda não atribuímos à juventude de Nosso Tempo uma real potência. Se o uso de drogas suscita a impertinência do jovem, poderíamos concorrer com ela criando espaços de verdadeiro pertencimento social para a juventude?

---

2. Estamos utilizando a proposição de Cenise Monte Vicente (1996) sobre o presente do futuro: no presente do futuro, trabalha-se com a perspectiva do desafio: as considerações sobre os problemas são acompanhadas do reconhecimento de possibilidades de enfrentamento em contraposição ao modelo do dano, centrado nas dificuldades e em profecias negativas, criando um futuro anunciado.

A escola

Uma das questões atuais mais quentes envolvendo a juventude é a presença aparentemente inusitada de drogas na escola. Não que seja recente a presença de drogas nas escolas, mas, associadas a crescentes manifestações de violência e à distância entre os mais jovens e as gerações adultas (distância no lugar do "conflito de gerações"), essa presença parece significar uma química altamente explosiva.

A escola em nosso mundo é o lugar que temos privilegiado como o espaço educativo para as novas gerações. Aos olhos da sociedade a "invasão" das drogas nesse lugar "privilegiado" tem significado um imenso descontrole social e tem suscitado como resposta predominante uma série de cruzadas repressivas.

Pensamos que resolver a equação escola-adolescente-drogas exige mais do que dar somente respostas repressivas a um ou dois dos termos da equação. Quanto mais as respostas forem parciais, tentando suprimir o problema em vez de co-responsabilizar soluções, maiores serão as chances de produzir territórios cristalizados e impermeáveis.

Já que estamos por demais aferrados num ponto de vista que toma a droga como o principal inimigo,[3] vamos tentar tomá-la como se toma uma vacina ou um antídoto, utilizando os agentes nocivos para ensinar o corpo a conviver com o perigo, desenvolvendo imunidades.

Vamos brincar com os pontos de vista.

Do ponto de vista da escola, como o adolescente é visto? A escola não parece muito feliz com sua clientela. São recorrentes, principalmente nas escolas públicas, as queixas de indisciplina, rebeldia, desrespeito, desinteresse.

Na verdade, a produtividade educativa da escola não é nada louvável segundo o trabalho *Mapeando a Situação do Adolescente no Brasil*, desenvolvido pela Fundação SEADE (Bercovich, Madeira e Torres, 1997). Há 1,1 milhão de adolescentes analfabetos no país, na faixa de quinze a dezenove anos, sendo que 76,5% desse total se encontra no Nordeste. A proporção de adolescentes com mais de oito anos de escolaridade é de apenas 18,4%. Cerca de 1,9 milhão de adolescentes —

---

3. Levantamento do Ibope, realizado em maio de 1998, revela que os entorpecentes são a quarta preocupação do brasileiro, perdendo apenas para o desemprego, a saúde e o salário.

12,2% dos adolescentes entre quinze e dezenove anos — não trabalha e nem estuda.

Na visão dos autores, ainda, o fraco desempenho do aluno não pode ser inteiramente explicado pela entrada precoce do adolescente no mercado de trabalho. O problema relaciona-se mais à qualidade do ensino do que ao fato de o adolescente exercer ou não uma atividade econômica.

E como o adolescente vê a escola? Este é um ponto de vista que raramente exercitamos fazer: olhar o mundo do ponto de vista do jovem, nesse caso o cliente de um empreendimento social (a escola). Alguns estudos recentes detiveram-se a ouvir os jovens sobre o lugar educativo que destinamos a eles.

Particularmente o trabalho *A direção do olhar do adolescente*. focalizando a escola (Buratto, Dantas e Souza, 1998) aponta para importantes conclusões. Mostram que o atual modelo de ensino está longe do que os alunos desejam: suas maiores críticas referem-se à falta de professores, desorganização, excesso de burocracia... São flagrantes os baixíssimos autoconceito e auto-estima dos adolescentes, que seriam o ponto de partida de toda aprendizagem. Os jovens queixam-se do desrespeito, indiferença, autoritarismo e preconceito entre professores e alunos, direção e alunos e, conseqüentemente, alunos e alunos.

Os alunos revelam o que deveria ser óbvio para o mundo adulto: "Ao queixarem-se da péssima qualidade das relações estabelecidas na escola, os alunos revelam que elas interferem na qualidade do ensino e no processo de aprendizagem". (p.52)

O estudo avança ainda sobre os desejos dos adolescentes: "Todos eles, não importa sua origem ou a escola que freqüentam, desejam sucesso e gostariam de estar num ambiente que lhes possibilitasse alcançá-lo". (p.53)

Além disso os jovens demonstraram-se extremamente lúcidos naquilo que esperam de si mesmos e da escola: eles se desejam interessados, atentos, disciplinados, participativos, responsáveis nos estudos e valorizados nos seus talentos. Quebram assim muitos dos preconceitos sobre a juventude, contrariando aquilo no que o mundo adulto parece querê-los: indisciplinados, rebeldes, desinteressados.

Os jovens estão insatisfeitos e perplexos com as omissões do mundo adulto, querem regras claras, fixadas pelo diálogo e com o compromisso de todos em cumpri-las.

Quanto ao que querem aprender, seguem sendo consistentes e responsáveis em suas opiniões: querem conteúdos importantes para sua vida e ligados ao seu cotidiano e à realidade em que vivem. Desejam que seus professores sejam competentes, comprometidos, atentos, dinâmicos e produtivos.

Com isso parece claro que os jovens sabem o que querem e querem o melhor para si mesmos e para os adultos que os cercam. Este deveria ser o nosso projeto educativo no presente do futuro.

Agora, torna-se mais fácil equacionar o ponto de vista da droga sobre a escola e o adolescente. Do ponto de vista da droga, o adolescente é seu cliente e ela espera satisfazê-lo, aproximando-se de seu mundo, de seu ambiente e de seus desejos. A droga vai até o adolescente, torna-se fácil de ser comprada, oferece a ele potência, tempera seus relacionamentos e cobre com cortinas de fumaça os vácuos entre a juventude e o mundo adulto.

A escola, do ponto de vista da droga, parece ser o melhor ponto de distribuição. Não porque é incapaz de reprimi-la, mas porque não oferece concorrência do ponto de vista do cliente de ambas, o adolescente. Se a escola está distante dos sonhos do jovem, se produz fracassados, incapazes e impotentes está se tornando o melhor ambiente de venda de drogas. Escola e drogas têm trabalhado juntas, convergentemente.

O que a escola pode aprender com a droga é considerar o adolescente um cliente a ser bem satisfeito quanto a suas aspirações e desejos de potência.

Não é à toa que as menores manifestações de violência e descaso com o ambiente escolar se dêem em escolas que conjugam participação do jovem, da família e da comunidade em seu projeto educativo. Não é, também, por acaso que os melhores índices de aprendizado ocorram nessas mesmas escolas.

Parece claro que não são as drogas os inimigos da escola, mas o projeto educativo em jogo nela. A batalha contra as drogas é sobretudo cultural.

Relembramos que o Nosso Tempo não dispõe de tradições que dêem conta de como devemos nos conduzir socialmente. Nós, humanos, não dispomos de códigos genéticos que determinem nosso comportamento. Tudo de que dispomos, e não é pouco, é dos nossos ideais pactuados de humanidade e dos projetos educativos que construímos para alcançá-lo. Isso só se faz por intermédio do patrimônio de laços sociais éticos, democráticos e ternos que formos capazes de forjar e legar às novas gerações.

A batalha cultural

A questão da adolescência cobra da escola e de cada um de nós a urgência de invenção de novas opções de futuro. Invenções produzidas no convívio estreito com os jovens e a partir deles. Só a esperança compartilhada de futuro e o desenho de um horizonte existencial nos fazem mudar comportamentos, seguir ideais ou regras coletivas.

Daí a necessária batalha cultural. Ao assumir esta tarefa, a escola pode não estar "exterminando as drogas", mas certamente estará construindo um capital social fecundo para que o jovem tenha repertórios múltiplos e criativos para forjar a vida, repertórios potentes na sua capacidade de inventar o mundo e de concorrer com os aditivos fáceis como a droga.

Se sustentamos que os adolescentes costumam sofrer uma crônica ausência de espaço para que se expressem a seu modo sobre as coisas de seus mundos, realizar esta batalha cultural implica realmente mudar nossos pontos de vista quando nos propomos a trabalhar com eles:

1. Olhar o jovem na sua potência: reconhecer suas habilidades e competências e sua capacidade de alterar a realidade em que vive.
2. Desafiar o jovem a transformar o mundo a partir de seu ponto de vista. A palavra aprender, do latim *apreendhere*, significa "tomar nas mãos". A aprendizagem aqui significará aprender tomando o mundo nas mãos.
3. Apresentar o adolescente para sua comunidade, seu município e seu país como uma solução para os desafios sociais.
4. Incluir os adultos significativos para o jovem — sua família e sua comunidade —, juntamente com a escola, num projeto educativo partilhado por todos.
5. Tornar cada passo do processo educativo uma oportunidade para que o jovem saiba que se espera dele o melhor. O papel do professor será o de facilitador da aprendizagem, de instigador da curiosidade e de promotor da auto-estima e do autoconceito do jovem.
6. Colocar o adolescente como o centro da ação educativa: o que ele aprende tem de ser imediatamente aplicável na sua realidade e no seu cotidiano. Além da aprendizagem de conteúdos, o projeto educativo deve incluir o aprender a aprender, a conviver, a ser e a fazer.

7. Combater a cultura da repetência que toma o fracasso escolar como um problema do jovem e não da escola.
8. Aproximar a escola do mundo do trabalho. As quatro aprendizagens básicas (aprender, ser, conviver, fazer) devem permitir ao jovem tornar-se autônomo, solidário e competente para a vida social, política e produtiva de sua comunidade.

O protagonismo juvenil[4]

"Para criar os espaços necessários à eclosão das práticas e vivências capazes de permitir aos jovens exercitarem-se como fonte de iniciativa, liberdade e compromisso são necessários acontecimentos em que o jovem possa desempenhar um papel protagônico, na solução de problemas reais. (...) O cerne do protagonismo é a participação ativa e construtiva do jovem na vida da escola, da comunidade ou da sociedade mais ampla." (Costa, 1978, p.14)

Muitas das dimensões do projeto educativo a que nos referimos anteriormente podem ser exercitadas concretamente no cotidiano da escola, por meio das ações de protagonismo juvenil.

Não se trata aqui de partir somente do diálogo ou de discutir com os jovens os temas que julgamos relevantes para eles, mas de confiar no seu potencial de intervir concretamente e gerar mudanças nos espaços sociais em que convive.

As propostas de protagonismo juvenil buscam alterar não só os pontos de vista do mundo adulto com relação ao adolescente, mas a posição deste com relação ao mundo à sua volta. De problema, o jovem passa a ser solução para sua comunidade. De demandante de mudanças, o jovem torna-se co-responsável por elas.

Esse novo lugar para a juventude dentro da escola ou dentro da cidade produz no tecido social a permeabilidade capaz de agregar novos valores capazes de competir em pé de igualdade com o risco do abuso de drogas, sejam elas mais ou menos destrutivas. Atribui ao jovem um valor, uma potência que antes esteve fora de seu alcance.

Vejamos de perto algumas cidades e escolas experimentando o poder de intervenção da juventude:

---

4. Muitas das concepções referidas neste artigo foram inspiradas em trabalhos do professor Antonio Carlos Gomes da Costa.

No cinturão citrícola do estado de São Paulo muitas gerações de jovens cresceram assistindo outros meninos sendo levados nas carretas de imensos caminhões para a lavoura da laranja ou da cana. Era natural para essas comunidades ter crianças ou adolescentes ajudando a compor a renda familiar, assim como era natural que algumas crianças se escolarizassem e aquelas não.

Viviam desse modo narcotizados, não pela fumaça da queima dos canaviais ou pelo aroma da industrialização da laranja, mas pela inércia coletiva que naturalizava a imensa desigualdade de oportunidades entre algumas famílias e aquelas que contavam com os braços de seus meninos.

Eram sociedades adictas porque precisaram, durante muito tempo, inventar e alimentar uma série de mitos que justificassem o trabalho infanto-juvenil e a desigualdade do acesso, permanência e sucesso das crianças e jovens trabalhadores na escola.

Estes muitos diziam que era preciso que os mais jovens se esforçassem no trabalho para educarem-se para a vida; que muitos não tinham sucesso na escola porque não eram suficientemente esforçados; que se ficassem à toa pensariam e fariam bobagens, era melhor que trabalhassem para espantar da mente a "oficina do diabo".

Esses mesmos mitos passaram a justificar o fracasso escolar de muitos meninos que não trabalhavam, mas que fracassavam nas escolas com várias repetências. Esses meninos acabavam tentando a vida precocemente em trabalhos braçais, desestimulantes, em nada educativos: guardas-mirins, empacotadores de supermercados, empregadas domésticas... para tornarem-se em pouco tempo inimpregáveis nos mercados de trabalho locais.

Várias gerações de adultos pouco escolarizados transmitiam, cada uma a seu modo, um vício destrutivo de entorpecer os mais jovens com o trabalho exaustivo e com a idéia de serem inaptos para estudar. Alguns desses adultos foram eleitos dirigentes dessas cidades, alavancados por esses mitos e pela ignorância de que foram vítimas e perpetuadores.

Uma das regiões mais ricas do estado mais rico do país via ao lado da riqueza, crescer a cada geração a pobreza, a desigualdade de oportunidades de estudo e de emprego, a violência, o abuso de drogas, a invasão do tráfico como alternativa de sobrevivência, uma juventude incompreensivelmente irresponsável.

Ao mesmo tempo, produzia-se no Brasil um movimento crescente de combate à cultura da repetência e às mentalidades que sustentavam o uso da mão-de-obra infanto-juvenil. Travávamos silenciosamente uma batalha política e cultural contra o entorpecimento coletivo que permitia que metade das nossas crianças fosse taxada de repetente e fracassada, e que muitas delas fossem impedidas de crescer e desenvolver-se por estarem vivendo em situações adversas.

Os bons ventos dessa batalha cultural chegaram à região citrícola e produziram em muitos adultos a vontade política de alterar a realidade de suas cidades. Uma intensa mobilização social pela erradicação do trabalho infantil e pela educação de qualidade apontava os rumos para uma nova percepção da juventude.

O "Mutirão pela Criança", um movimento solidário e feliz, remeteu essas comunidades às práticas sociais de nossos antepassados indígenas que reuniam-se em *moti'rõ* (origem tupi da palavra mutirão) para ajudarem-se mutuamente na colheita e na construção das moradias.[5]

O que queriam construir coletivamente era um lugar para todas as crianças e jovens: a escola de qualidade.

Esses adultos aceitaram realizar um outro desafio: confiar na potência dos jovens de colaborarem ativamente nesse mutirão, que mobilizaria muitas das forças sociais dessas cidades para buscarem de casa em casa, num mesmo dia, os nomes, endereços e rostos dos meninos que estavam fora da escola.

Trinta e cinco dessas cidades chamaram jovens para conhecer e documentar as opiniões dos adultos e das crianças sobre a educação e o trabalho precoce. Eram os Reporteens.[6] Mais de quatrocentos jovens aderiram ao movimento percorrendo as cidades com câmeras de vídeo e gravadores cartografando cenas e palavras de uma realidade que não supunham existir em suas pacatas cidades.

O protagonismo desses jovens permitiu desentorpecer muitos anos de subcidadania, produzindo um marco inédito em suas vidas e na vida dos adultos que experimentaram esse convívio.

Na voz dos Reporteens:

"Tem muitos fatos graves em nossa cidade, tiramos fotos da favela. (...) O menino falou: "Meu pai disse que estudar não dá futuro, não, tem

---

5. O Mutirão pela Criança: Lugar de Criança é na Escola foi realizado em novembro de 1997, em 45 municípios paulistas e dez municípios mineiros do cinturão citrícola.
6. A concepção e a implementação do projeto de protagonismo juvenil articulado ao Mutirão pela Criança esteve a cargo da Oficina de Idéias, empresa de assessoria na promoção e defesa dos direitos da criança e do adolescente, que realizou também a documentação e análise da experiência de mobilização social da região.

que trabalhar". Aí, eu falei: "Mas se não for para a escola você vai ficar igual seu pai e igual meu pai, trabalhando na roça". Reporteen de Irapoã.

"A secretária da Educação que deveria estar a par de tudo da evasão escolar não quis dar entrevista para nós. Se nós, jovens, estamos sabendo, como ela que é a secretária não sabe? E queremos saber depois que tivermos os dados o que os governantes vão fazer." Reporteen de um dos municípios.

"O que mais animaria o aluno a estudar é saber que ele vai ter alguma coisa, ganhar uma coisa no futuro... para que estudar se vou ficar na usina, se não vai ter trabalho melhor?" Reporteen de Catiguá.

"Na minha cidade tem crianças que não podem estudar... como pode eu poder estudar e meu pai poder pagar e outra criança nem poder ir para a escola?" Reporteen de Bebedouro.

"Nós não podemos ficar de braços cruzados enquanto tem crianças fora da escola." Reporteen de Araraquara.

"Estou mais responsável e ganhando mais interesse pela escola." Reporteen de Tabapuã.

"Esta experiência serviu para que eu me sentisse mais útil e me desinibisse mais, pois sempre fui muito tímida e retraída, com isso vi minhas reais possibilidades, que até então desconhecia." Reporteen de Cajobi.

"Serviu para que eu me sentisse necessário, pois geralmente não trabalho em atividades comunitárias, a partir dessa experiência passei a valorizar mais o trabalho coletivo." Reporteen de Cajobi.

"Eu me toquei, chegou a hora de se tocar e fazer alguma coisa (...) Não tem que ficar só reclamando. Foi uma experiência muito legal porque a gente pôde se desenvolver mentalmente." Reporteen de Araraquara.

"Nosso grupo encontrou nesse trabalho a força e a vontade de continuar lutando pelos direitos da criança e do adolescente e descobrimos com tudo isso que somos privilegiados por estarmos estudando, quando na verdade não deveria haver o privilégio da educação para ninguém, mas um direito de todos." Reporteen de Araraquara.

"Aprendi a dar mais valor na minha vida e gostar mais da minha pessoa." Reporteen de Ibirá.

"A gente pode ter certeza que pode mudar alguma coisa. Não é só obrigar a criança a ir para a escola, mas que tem crianças que voltam para a escola e não têm interesse para ficar lá dentro, não têm recreação." Reporteen de Catiguá.

"A gente nem tinha conhecimento das crianças e a gente pôde ver de perto, caso a caso, dos bairros mais distantes." Reporteen de Araraquara.

É comum ouvir no interior de São Paulo o expressivo verbo desacorçoar. A palavra é sinônimo de desistir e quer dizer literalmente "perder o coração". É muito do que significa para as famílias quando deixam de investir na educação de seus filhos. A família perde seu coração, perde o sentido de seu desenvolvimento e da crença no futuro de seus filhos.

Os reporteens atingiram essas famílias, que perderam as esperanças com a escola ou com a capacidade de seus filhos, de um modo bastante eficaz. Devolveram aos pais o crédito no desejo e na capacidade dos filhos, fazendo com que os olhassem pelos olhos de outros meninos.

Muitos reporteens relataram orgulhosos e emocionados seu poder de persuasão com esses pais: em Pindorama os reporteens encontraram no dia do mutirão uma mãe com total desinteresse pela educação dos filhos: "A gente trabalhou e nós conscientizamos ela de que ela deveria deixar o filho estudar. E para nós foi uma alegria poder ajudar." Em Ariranha os reporteens contam de outras crianças que conseguiram fazer com que a colega de classe voltasse a freqüentar a escola. Os reporteens de Santa Adélia querem seguir trabalhando com a mentalidade dos pais e responsáveis: "Os pais têm idéias obsoletas e antiquadas em relação à importância do estudo".

A comunidade escolar que, assim como algumas famílias, mostrou-se nesse mutirão muitas vezes desacorçoada com seu sentido educativo, também foi beneficiada pelas intervenções dos reporteens. A alegria despertada pelo trabalho e pelo sucesso dos jovens cidadãos trouxe de volta à escola o desejo de aproximação com essa geração tida como distante e até mesmo hostil. Afinal, os reporteens via de regra "representavam" suas escolas no Mutirão pela Criança, pois muitos deles foram convidados a participar em sala de aula.

"A gente fica feliz porque esse trabalho teve como resultado uma aproximação maior de vocês alunos com a gente aqui na escola. Esse é o grande resultado desse mutirão." Diz a diretora de uma escola de periferia, orgulhosa de que sua escola tivesse sido "representada pelos reporteens".

Para além das famílias e das escolas, vários outros segmentos sociais recuperaram forças e sentido pela participação dos adolescentes.

"O trabalho dos reporteens foi uma visão do jovem sobre os problemas dos jovens. Com certeza, no futuro, esses jovens serão cidadãos mais conscientes." Secretário de Saúde.

"Estávamos bravos respondendo o questionário, quando vimos as primeiras reportagens dos reporteens, voltamos atrás e refizemos tudo. Vocês foram a alma do mutirão, sem vocês teria sido um tédio." Coordenação local do mutirão.

"Só pelo trabalho dos reporteens o mutirão já teria valido a pena." Coordenação local do mutirão.

"Eu não só acredito, como já vejo o resultado do mutirão. Para vocês mesmos [reporteens] já deu um resultado positivo que é esse questionamento e essa procura de um mundo melhor." Presidente da OAB.

"Fica também um alerta a nós professores para a observância desse potencial juvenil inexplorado, às vezes por falta de percepção ou sensibilidade dos que os orientam." Professor.

Bibliografia

BERCOVICH, A.; MADEIRA, F.; TORRES, H. (1997) *Mapeando a situação do adolescente no Brasil*. São Paulo: Fundação SEADE.

BURATTO, A. L.; DANTAS, M. R. C.; SOUZA, M. T. O. M. (1998) *A direção do olhar do adolescente*: focalizando a escola. Porto Alegre: Artes Médicas.

COSTA, A. C. G. (1998) *Protagonismo juvenil — um jeito novo para a cidadania*. Mimeo. São Paulo: Instituto Ayrton Senna, Fundação Banco do Brasil e Fundação das Associações Atléticas do Banco do Brasil. (mimeo)

ROTELLI, F. (1991) Onde está o senhor? In: LANCETTI, A. (coord.) *Saúde Loucura*, n.3, São Paulo, Hucitec, pp. .

SERRES, M. (1989-90) Drogas. *Revista Enfant D'Abord*, PARTS n. 137. [Mimeo. traduzido por Martha Pulido e Alberto Castrillón]. Paris, 1990.

VALENTINI, W.; VICENTE, C. M. (1996) A reabilitação psicossocial em Campinas. In: PITTA, A. (org.) *Reabilitação psicossocial no Brasil*. São Paulo: Hucitec, pp. 48-54.

A escola e as novas demandas sociais: as drogas como tema transversal

Julio Groppa Aquino*

> *Só a alma atormentada pode trazer para a voz um formato de pássaro. (...) É preciso desformar o mundo: tirar da natureza as naturalidades. Fazer cavalo verde, por exemplo.*
>
> Manoel de Barros

Estive fora tempo demais. Ausente demais. Longe demais do mundo. Deixe-me entrar na história do mundo, nem que seja para segurar uma maçã. Com essas palavras o protagonista Daniel, do filme alemão *Asas do desejo*, declara sua intenção de abandonar a condição de anjo para se tornar humano.

Nesta bela obra, que rendeu ao diretor Wim Wenders o prêmio de melhor direção no Festival de Cannes de 1987, encontraremos um argumento peculiar: do céu de Berlim, dois anjos observam a vida dos mortais.

Errantes, os dois vagueiam a esmo pelas ruas, lares e locais públicos da cidade, emaranhados na algaravia de sons e palavras que, mudas, emanam dos corpos humanos, encadeadas sob a forma de pensamentos. O máximo que podem fazer é contemplar e, no limite, amparar (com uma das mãos) aquele que dispõe de sua companhia pontual e invisível.

Outro dado intrigante é que esses seres não enxergam cores, além de desconhecerem a surpresa, o inédito. Sem origem nem destino, ape-

---

* Psicólogo, mestre e doutor em Psicologia Escolar. Professor da Faculdade de Educação da USP. Autor de *Confrontos na sala de aula: uma leitura institucional da relação professor-aluno* (Summus, 1996), coordenador e co-autor da coleção *Na escola: alternativas teóricas e práticas*, da Summus Editorial.

nas vagueiam e contemplam, vagueiam e contemplam, num ciclo interminável e previsível.

Não se pode dizer que estejam vivos, uma vez que desconhecem a possibilidade da finitude (a vida, já se disse, é um privilégio dos mortais). Mas, do ponto de vista do cineasta alemão, eles existem de alguma forma, sendo essa existência pautada exclusivamente na contemplação dos atos e pensamentos humanos, grande parte das vezes, caóticos ou insólitos. Mesmo assim, não se vê condenação, nem condescendência por parte deles; apenas contemplação. Os não humanos parecem não saber julgar...

Além do mais, não se trata de anjos infantis, frívolos, barrocos. Eles são lúgubres, sisudos, envoltos em capas escuras. Em suma, são prisioneiros da eternidade, à mercê das múltiplas manifestações humanas, não compreendidas na totalidade mas que exercem sobre eles um fascínio notável porque alheias, porque humanas.

Pairando sobre o tempo, subvertendo o espaço, eles não se deixam afetar pelo que vêem, posto que ignoram as paixões, os apetites e os humores humanos. Mesmo assim, uma espécie de cobiça do desconhecido os assola; pequenos resíduos da vida os magnetizam:

Quero sentir um peso em mim, finalizar a eternidade e me atar ao chão. Gostaria de poder dizer "agora" a cada passo, a cada rajada de vento. "Agora" e "agora", e não mais 'para sempre' e 'eternamente'. Sentar no lugar vazio de uma mesa de jogos e ser cumprimentado, nem que seja com um gesto. (...) Pegar um peixe. Sentar às mesas, beber e comer. Ser servido com cordeiros assados e vinhos nas tendas do deserto. Não, não tenho de gerar um filho ou plantar uma árvore, mas seria bom voltar para casa após um dia de trabalho, alimentar o gato. Ter febre. Dedos pretos do jornal. Não só se excitar pelo espírito, mas por uma refeição, pelos contornos de uma nuca, de uma orelha. Mentir! Sentir seu esqueleto se movendo enquanto caminha. Supor, em vez de sempre saber. [1]

Talvez por esse motivo último, seu lugar preferido são as bibliotecas, com seus labirintos e silêncios. Curiosamente, escolhem como pousada o refúgio das incertezas humanas, porque lá parecem se apaziguar de alguma maneira.

No limiar da linha divisória entre os mundos, no coração do mundo sensível tão almejado por eles, a personagem principal é uma trape-

---

1. Trecho extraído do filme *Asas do desejo*, dirigido e roteirizado por Wim Wenders.

zista solitária que sonha em voar. Nas asas fictícias e no vôo suspenso pelas cordas, uma vontade tenaz de romper os limites do espaço e do tempo, decretados na materialidade fugaz do próprio corpo. Não degenerescer, não evanescer, o nome não ser consumido pela erosão dos dias contados. Liberdade! Prisioneira dos sentidos, das amarras da carne, ela é toda humana: imperfeita, insatisfeita, inquieta. Protótipo da experiência dos viventes, ela é uma protagonista da transitoriedade e, portanto, da finitude.

Ao espectador, tudo nos humanos parece inspirar compaixão, porque passível de exigüidade, de carência, de equívoco — mas não àqueles seres... O que é resto para os mortais, a eles é exuberância. Daí o seu desejo de brevidade, de condensação da vida. Incólumes, eles ambicionam este império arrebatador dos pequenos sentidos: ver mais que olhar, ouvir mais que escutar, saborear mais que deglutir, tocar o tocar.

Humanos que se querem imortais. Espectros que se querem humanos. Eis, a nosso ver, o paradoxo que o filme revela.

Impossível passar ao largo das metáforas pulverizadas pelo cineasta sem se implicar. Contrariamente à resignação contingencial dos anjos "caídos" de Wim Wenders, ao espectador resta um certo regozijo para com a condição humana, tornada algo "feliz e forte em si mesmo", ainda que intrinsecamente trágica e tênue.

A potência da vida emanando de sua própria tragicidade latente. Eis, agora, um dos efeitos que o filme desvela.

Paraísos mais que artificiais

Aliada à constatação cotidiana de nossa imperfeição, a consciência da finitude parece ser uma das fontes cruciais de angústia dos homens. Por essa razão, não seria impróprio suspeitar que, pelos tempos afora, a travessia humana pelo mundo tenha sido tomada insistentemente como ensaio de uma certa reapropriação radical da realidade, ou, se se quiser, de uma certa transcendência. Estamos, de fato, sempre às voltas com essa exigência imperiosa de transformação, ora do mundo, ora de nós mesmos.

O mito, a filosofia, a ciência, a arte: nada mais que respostas à nossa incompletude e descontentamento congênitos, à exigüidade de nossos corpos; estratégias por meio das quais se pode dilatar a aventura da existência. Espelhos (sempre fragmentários, porém) da necessidade humana de auto-superação.

Se por um lado tais constructos esculpem o mundo à "imagem e semelhança" humanas, em contrapartida eles delineiam uma imagem-síntese acerca da própria condição dos seus criadores: a de que o homem, em sua essência, é um ser enfermo, debilitado, deficitário, objeto de aflições e tormentos. Porque limitados e finitos, somos concomitantemente passageiros aflitos do tempo e prisioneiros atormentados do espaço.

Em certa medida, sentimo-nos "doentes", porque tão-somente mortais. Daí a invocação incessante aos deuses. Mas já entre os gregos uma nova possibilidade vem fornecer uma guinada na compreensão dos ditames humanos.

"Mas, afinal, que remédio é esse, capaz de livrar a humanidade de aflições e tormentos? O remédio é o *logos* filosófico enquanto portador da verdade aclaradora, o discurso enquanto *phármakon*, enquanto curativo porque discurso-razão que espanca as trevas das crendices, expulsando os males da alma. (...) A palavra enquanto *phármakon* — que tanto significa 'veneno' quanto seu antídoto, 'remédio' — aparece como um tema central dos Diálogos de Platão". (Pessanha, 1992, pp.58 e 80)

Longe de pretender adentrar a complexidade dos conceitos em foco, cabe-nos pontuar o poder curativo que é atribuído pelos gregos à palavra — aqui, o discurso filosófico. É ela que trata, remedia os "males da alma". Palavra-bálsamo!

Outro exemplo contundente nesse sentido é o da arte, no caso a literatura.

"Quando lemos um livro de um melancólico como o escritor checo Franz Kafka, que teve uma vida de intenso sofrimento psicológico, nós partilhamos de sua angústia — o que nos torna melhores. As pessoas que lêem, que se nutrem de arte, sabem que nenhum homem é uma ilha e que todos padecem, em maior ou menor grau, das limitações da condição humana. (...) Voltando ao final do século XIX, a literatura tinha o papel fundamental de ensinar as pessoas a viver. Recorria-se a grandes autores, como Balzac, Tolstoi e Dostoievski, para extrair lições, refletir sobre os fatos da vida e educar-se para o convívio humano." (Scliar, 1997, pp.9 e 11)

Como se pode notar, tanto em um quanto no outro caso, buscava-se na palavra dos seus representantes (o escritor ou o filósofo) um certo "remédio" para as inflexões da vida, para as interpelações do mundo, e, por extensão ou recompensa, adquiria-se um certo saber sobre si mesmo. Sob esse aspecto, vale dizer que pajés e sacerdotes acabavam tendo um papel semelhante, embora diverso em seus propósitos.

De um modo ou de outro, todas essas alternativas poderiam ser aglutinadas sob o timbre da idéia de *aprendizado*. Ou seja, a "cura" — entendida como densificação, nunca como supressão imediata e absoluta — das infelicidades humanas se adquiria no transcorrer mesmo da vida, desde que atada a alguns princípios fundantes. Aprendia-se a viver de um certo jeito e só! O que mais se poderia fazer com a existência? Sendo assim, aprendia-se com aquele que se colocava como porta-voz de uma tradição, fosse ela ancorada no *logos*, no divino, na arte, ou tãosomente na narrativa dos anciãos, artífices do próprio viver.

Cabe-nos, agora, indagar: e com quem temos aprendido a viver hoje em dia? Em quem temos depositado a esperança de sermos "melhores, mais saudáveis"? Difícil negar que, na maioria das vezes, temos eleito os cientistas, e particularmente os médicos cientistas, como guardiães privilegiados da verdade desses tempos. A medicina científica alçada ao *status* de templo do saber, e a indústria farmacêutica, à de megaempreendimento tecnológico.

"É o apogeu da visão científica da medicina, que agora tenta ampliar seu raio de ação para questões comportamentais, por meio da psiquiatria. Vingou a idéia da pílula mágica — de que para cada sofrimento físico ou mental existe um remedinho milagroso. Parece ser o caminho mais fácil para preencher esse vazio interior que tomou conta das pessoas neste final de século — vazio este que causa uma ansiedade exasperante. (...) Noto, porém, que é grande o número de pessoas que procuram médicos não porque estejam doentes, mas porque desejam mudar o seu humor, a sua personalidade. Querem fazer uma maquilagem de seu psiquismo, de seu estado de espírito. O bem de consumo prometido por muitos psiquiatras é um comportamento *standard*, de uma alegria plastificada que não dá margem a alterações de humor. (...) Evidentemente, quem busca em remédios e drogas uma máscara para a alma precisa lembrar que são paraísos artificiais, para usar uma expressão do poeta francês Baudelaire." (ibid., p.10)

Das declarações do escritor-cirurgião pode-se subtrair algumas decorrências irrefutáveis. A primeira delas reside na constatação de que grande parte de nossas crenças contemporâneas, quanto à redenção das infelicidades humanas, tem sido depositada no discurso médico-psiquiátrico, e seu manejo, nos artifícios bioquímicos.

Analgésicos, antiinflamatórios, antibióticos, antitérmicos, antiácidos, anoréticos, ansiolíticos, antidepressivos, estimulantes, calmantes: nomes que circulam entre nós com uma naturalidade assombrosa!

"Da calvície à depressão, da insônia à impotência sexual, da ansiedade à perda de memória — há remédio para tudo. (...) O caminho do paraíso está pavimentado de fórmulas e bulas medicinais. O alvoroço em torno das novas megadrogas dá o que pensar. Boa parte dos medicamentos que está empolgando os mercados tem por finalidade não a defesa do organismo contra doenças que ameaçam ou debilitam a saúde física, mas sim a expansão da nossa capacidade de desfrutar prazeres, sentir satisfação em sermos quem somos e gozar ativamente a vida. São drogas 'ofensivas' — armas químicas na batalha cotidiana pela felicidade." (Giannetti, 1998, p.9)

O mundo contemporâneo parece ser sacudido intermitentemente por legiões frenéticas de pessoas em busca de *paraísos mais que artificiais*, oportunizados por substâncias químicas que as tornem "diferentes", mais potentes — seja no corpo, no espírito ou na aparência.[2] Paraísos não mais lenitivos, mas propulsores, drásticos, instantâneos. Paraísos plásticos, herméticos, exasperados. Paraísos que se desdobram não mais em torno da experiência pregressa dos homens perante as mesmíssimas vicissitudes, mas de algo fantástico a se descortinar. O que será?

É aí que desponta a força e o valor do conceito *droga*, nos dias de hoje. No dicionário comum, as acepções mais usuais indicam: "1) qualquer substância ou ingrediente que se usa em farmácia, em tinturaria, etc. 2) medicamento. 3) medicamento ou substância entorpecente, alucinógena, excitante, etc. (como, p. ex., a maconha, a cocaína), ingeridos, em geral, com o fito de alterar transitoriamente a personalidade". (Ferreira, 1975, p.495)

Embora seja canônica a distinção entre os diversos tipos de drogas (-legais e ilegais) e seus diferentes usos (como terapêutica, recreação ou

---

2. Um bom exemplo dessa espécie de afã bioquímico-hipocondríaco pode ser encontrado na utilização desenfreada dos moderadores de apetite. Em reportagem da *Folha de S. Paulo*, de 26/7/98, que versa sobre uma espécie de "epidemia" que vem assolando a América Latina (em particular o Chile, a Argentina e o Brasil), lê-se o seguinte: "Pode chegar a dois milhões o número de pessoas no Brasil que todos os dias tomam algum tipo de anfetamina para diminuir o apetite. A estimativa, feita com base no consumo oficial e em estudos que mostram o uso clandestino dessas drogas é do Centro Brasileiro de Investigação sobre Drogas (CEBRID), da Universidade Federal de São Paulo (Unifesp). De acordo com dados das Nações Unidas, o Brasil consumiu entre 1993 e 1995 uma média de 6,5 doses diárias de anoréticos por mil habitantes. Numa população de 160 milhões, equivale a 900 mil consumindo uma dose diária". (caderno 3, pp.1-2)

dependência), há que se indagar: não teriam elas uma raiz comum, uma mesma "etimologia" prática? Ou seja, não estaria embutida na "hipocondria nossa de cada dia" uma espécie de litígio para com a própria condição humana? Não residiria aí um certo sonho onipotente, quase infantil, de erradicar ou, pelo menos, ludibriar grande parte dos "males" humanos, espirituais inclusive? Uma tentativa de (re)edificação bioquímica da raça?

Não obstante, no dia-a-dia parecemos conceber o fenômeno do consumo intensivo de drogas de modos bastante diferenciados, até mesmo opostos. Se medicamento, elas podem nos salvar; se entorpecente,[3] nos desgraçar. Curiosa cisão! Tomemos, lado a lado, os exemplos do *Viagra*, uma droga contra a impotência sexual saudada mundo afora como uma grande descoberta científica, e o *crack*, um estimulante agressivo, capaz de liquidar suas vítimas em pouco tempo. Ambas invenções deste final de século! A bem da verdade, o que as difere, em sua gênese? O bem e o mal? A verdade e a mentira?

Não é de se estranhar, portanto, que as drogas venham sendo concebidas, ao mesmo tempo, como salvação e danação, remédio e veneno. Disso parece decorrer, portanto, uma ambivalência estrutural que conforma nossa relação cotidiana com essas substâncias que impregnam sobremaneira nossa existência concreta. Daí a ambigüidade discursiva em torno do conceito *droga*: do louvor à perseguição, do prazer à dependência, e assim por diante.

Além do mais, cumpre-nos indagar: medicamento ou entorpecente, não seriam as drogas hoje, pelo menos em parte, as donatárias da esperança que outrora era depositada na palavra filosófica, artística, ou mesmo religiosa?

"O que move uma pessoa em direção à droga está, na origem, muito perto do que levou o homem a se debruçar sobre o microscópio, ou a olhar através de um telescópio — o mesmo que impulsionou tantos em direção ao sextante, aos mares bravios, às aventuras espaciais. Esse movimento de expansão, que nos empurra às grandes descobertas, afrontando o desafio do desconhecido, é parte do arsenal que nos fez humanos — reflexo do desejo de conhecer sempre mais, da ousadia de romper limites. Brota da sensação de desconforto de viver uma só vida,

---

3. Embora de modo impróprio do ponto de vista conceitual, estamos empregando a expressão "entorpecente" de maneira genérica e na sua acepção corriqueira, como sinônimo de droga psicoativa utilizada ilicitamente — o que engloba as substâncias depressoras, as estimulantes e as alucinógenas.

dentro de uma única pele. Algumas experiências podem romper essas limitações. Não muitas. Dentre elas: a arte, as paixões. E a droga." (Aratangy, 1996, p.110)

É no caso das drogas psicoativas (estimulantes, depressoras ou alucinógenas) que essa ambição expansionista parece evidenciar-se com mais força. Objetiva-se, segundo o dicionarista, "alterar transitoriamente a personalidade", isto é, visa-se ser "outro" por um tempo determinado. Seria isso possível? A "personalidade" de que se fala seria passível de uma alteração dessa ordem? Se sim, para quê exatamente? Se não, para quê então?

Esta parece ser uma das contradições basais que envolve o uso/abuso das drogas psicoativas na atualidade: na ânsia de ser diferente, de trocar sazonalmente de "pele", esse homem esvaziado do final do século acaba sendo absolutamente igual, enredado numa mesmice aterradora. Em termos analógicos, tira-se férias de si mesmo permanecendo no mesmo lugar. Um Narciso que acha feio o que é espelho?!

Ler é viajar...

Recentemente, viu-se circular nos meios de comunicação uma campanha institucional, avalizada pelo Ministério da Educação, com vistas ao incremento do hábito da leitura entre os brasileiros. Tanto na mídia impressa como na eletrônica, ouviu-se com razoável freqüência o simpático bordão *ler é viajar*.

Em que pese a influência das editoras interessadas no aumento das vendas de livros, o apelo publicitário, voltado mormente aos jovens, parece ter-se pautado, pelo menos em parte, numa idéia simples mas poderosa: a de que a prática da leitura é, em última instância, condição *sine qua non* para a transformação social e humana.

Além do mais, vale pontuar, a estratégia empregada na composição da mensagem publicitária foi, até certo ponto, audaciosa. Emprega-se uma comparação aberta entre o ato da leitura e o da viagem. E o que isso significa, nas linhas e entrelinhas?

Num primeiro momento, imagina-se que haja uma correspondência entre os efeitos de descentramento, de descoberta e satisfação que a leitura pode causar, e aqueles que uma viagem de férias, por exemplo, proporciona. Ou seja, propõe-se que a leitura e a viagem são estratégias semelhantes de acesso ao mesmo objeto de prazer: o inédito, o inusitado, o desconhecido. Em suma, se o viajante é a negação do nativo, a leitura seria a negação do sedentarismo intelectual, das estereotipias do pensamento. Bela imagem, belos propósitos!

Desta feita, se o alvo visado era principalmente a juventude, a audácia da campanha residiu na própria escolha da metáfora. Mais especificamente, o termo "viajar", no linguajar adolescente, comporta uma segunda acepção precisa: a da reação às drogas psicoativas. Uma pessoa, sob efeito desse tipo de substância, estaria, na gíria, "viajando", "alucinando", transvagando no tempo e no espaço.

Sob esse ponto de vista, a idéia do hábito da leitura associado à experiência de uma "viagem alucinatória" constitui-se como uma investida arrojada de interlocução com os jovens, porque desprovida das enfadonhas advertências morais a que está articulado geralmente o discurso do uso/abuso das drogas psicoativas.

É fato que, ao nos reportarmos a essas drogas, por um lado enfatizamos a diversidade dos diferentes tipos, descrevendo seus "princípios ativos" e catalogando as reações fisiológicas a eles, bem como os danos de ordem social e moral que se dão por ocasião de seu abuso, mas, por outro, ocultamos o prazer, a excitação da transgressão e a transcendência pontual que seu uso, principalmente ocasional, pode oferecer.

Disso decorre que, quanto mais cindido for o enfrentamento da ambivalência e da ambigüidade inerentes ao uso das drogas psicoativas, maior será o risco de "esquizofrenizarmos" o equacionamento do seu abuso. Vide alguns comerciais televisivos, promovidos por uma renomada fundação voltada à prevenção do uso/abuso de drogas entre os adolescentes. Neles se verão explicitamente alguns dos rituais que envolvem o consumo da cocaína, ou então a interação de um grupo de adolescentes sob o efeito do THC (princípio ativo da maconha). Ao final, um recado fatalista, num tom quase letal: "drogas, nem morto". Contraditório, não? Retroalimentamos — e, em alguns casos, fundamos — a demanda pelo uso da droga e a reprimimos logo em seguida.

Felizmente, não é isso que se constata no slogan *ler é viajar*. Salvo melhor juízo, apesar da analogia indireta com as drogas e, de certa forma, com sua potência, não há nenhuma alusão ao seu uso/abuso. Outrossim, advoga-se tão-somente em favor daquilo que a leitura pode proporcionar — a aventura do conhecimento — agora, talvez, como uma alternativa factível ao apelo das drogas.

Mas o que distingüiria o conhecimento da droga? Melhor seria indagarmos: o que os faz se assemelharem? Ambos desdobram-se em torno de uma fonte essencial: a demanda por "vertigem", "virtualidade", abstração por parte do jovem. Isto é, trata-se de mecanismos empí-

91

ricos de experimentação dos sentidos, e, portanto, ambos são vias de transformação, com vistas à sobrecodificação da realidade concreta. Novos olhares para a vida, portanto. Mas com uma diferença!

A transformação proporcionada pela droga é compacta e provisória, ao passo que o conhecimento sistematizado traz marcas gradualmente irreversíveis e extensivas àquele que conhece de fato. No primeiro caso, parte-se de determinadas coordenadas espaço-temporais e retorna-se maníaca e aflitivamente a elas. No segundo, parte-se das mesmas coordenadas, mas novas apreensões do mundo são geradas, novos efeitos são oportunizados — reações sempre mais complexas, mais intrincadas do ponto de vista do pensamento, dos afetos, da vida enfim. Em uma palavra, retorna-se *mestiço*: miscigenado pelo inédito, pela novidade, isto é, desalojado do ponto do qual se partiu mas catapultado a outras configurações de espaço e tempo. Novos pontos de largada, portanto. E vale frisar: retorna-se diferente, nunca melhor!

Nesse sentido, não estaria o uso/abuso exacerbado das drogas psicoativas, principalmente pelas novas gerações, sinalizando uma certa descrença crescente para com o conhecimento, materializado, por exemplo, na ciência, na arte, ou até na política? De modo quase oposto aos anos rebeldes (década de 1960), não estariam os jovens elegendo a droga como um passaporte para esses tempos em que inconformismo tem-se convertido quase em sinônimo de apatia? Um sinal, portanto, mais que claro de tempos mais que sombrios?

É sabido que a adolescência apresenta-se como um tempo de metamorfoses. Um tempo em nossos *scripts* pessoais marcado por rupturas, por mutações de diferentes ordens. Um tempo de várias perdas também.

"As mudanças psicológicas que se produzem nesse período, e que são a correlação de mudanças corporais, levam a uma nova relação com os pais e com o mundo. Isto só é possível quando se elabora, lenta e dolorosamente, o luto pelo corpo da criança, pela identidade infantil e pela relação com os pais da infância." (Aberastury, 1981, p.13)

Se, por um lado, se trata de uma etapa da vida povoada por perdas marcantes e pela angústia delas decorrente, por outro, a adolescência configura um tempo ímpar, porque prenhe de crescimento, de múltiplas possibilidades existenciais.[4] Como potencializá-las, então? Pelo que se

---

4. Claro está que essas possibilidades estarão condicionadas, em maior ou menor grau, ao entorno socioeconômico e cultural do sujeito. Entretanto, ainda assim, múltiplos serão seus personagens identificatórios, e multifacetado será seu diálogo com o mundo contemporâneo.

pode verificar, tanto no âmbito teórico quanto no das próprias manifestações concretas, essas possibilidades efetivam-se por meio da experimentação ativa de determinados perfis identificatórios, propostas de mundo, ideais sociais etc., chegando-se a uma imagem muito comum nas grandes cidades: a das "tribos" urbanas, cada qual com seus usos e costumes próprios.

Não obstante, é sabido também que a juventude prima pelo hábito da experimentação do mundo adulto, e que este está impregnado pelo uso indevido de substâncias químicas, algumas ilícitas e outras tantas lícitas (o álcool e o tabaco, por exemplo). Como, então, equacionar a insensatez do "faça o que eu falo, não faça o que eu faço"?

Diz um dos especialistas no assunto: "não podemos ser simplistas, moralistas, terroristas nem repressivos, sob pena de não chegarmos a lugar nenhum. Saber *o que não fazer* já ajuda muito". (Egypto, 1998, p.2, grifos do autor)

A declaração do especialista parece conter uma advertência subliminar: a de que as conhecidas tentativas de intimidação do jovem (seja pela via do moralismo, do terrorismo ou da repressão) não surtem automaticamente os efeitos esperados, talvez porque excluam-no, de véspera, de uma vivência mais direta da situação, obstaculizando um posicionamento mais autônomo perante o fenômeno social da droga. Equivaleria a uma afirmação do tipo: não se pode simplesmente decretar o "não pode"; melhor seria indagar o "porque não se deve". Em outras palavras, as estratégias clássicas parecem pecar por inépcia uma vez que confinam o jovem a uma posição heterônoma e coercitiva em relação à apropriação de seu próprio corpo, aos prazeres que ele possa porventura dele subtrair. Nesse sentido, a discussão das drogas e das DST/AIDS encontram um ponto de convergência, talvez um dos únicos.

De fato, o universo do uso/abuso de drogas comporta uma complexidade inquietante e um desafio espinhoso, quanto mais no que se refere ao tratamento da dependência, da drogadicção. Nesse caso, vaticina um reconhecido psiquiatra, em depoimento à revista *Veja*: "segundo o professor Guerra de Andrade, a maioria dos dependentes clinicamente diagnosticados não consegue recuperar-se. Tratamentos e internações têm sucesso em apenas 30% dos casos. 'Nos demais, o paciente torna-se um dependente crônico. Ou, pior, morre prematuramente (...) de overdose, acidentes, suicídio ou por envolvimento com traficantes'". (Lima; Oyama, 1998, p.124)

A despeito de um bom tanto de impotência e outro tanto de controvérsia que envolve o debate acerca do enfrentamento do uso/abuso de drogas, tudo parece indicar um caminho razoavelmente consensual e, na medida do possível, profícuo: o da ação preventiva.

É certo que temos depositado nas propostas de prevenção grande parte de nossas expectativas quanto à superação desse trágico estado de coisas que o psiquiatra configura sem retoques. Narcotraficantes violentos, overdoses, acidentes, suicídios dizimando jovens com uma vida inteira pela frente. Que terrível imagem! Como melhor contorná-la, se não pela via da prevenção? É aí que desponta outra imagem indispensável aos tempos atuais: a da escolarização.

Se levarmos em conta que a instituição escolar configura, atualmente, uma das práticas sociais que congregam mais intensivamente o impacto das novas demandas sociais, além de representar um epicentro concreto das vivências juvenis, torna-se quase impossível supor que as estratégias de prevenção prescindam da intervenção promovida pela escola. Ponto pacífico, vale lembrar, no entanto, que temos delegado, em maior ou menor grau, grande parte dos desafios da vida contemporânea à atuação de professores e educadores em geral. A escola tornada uma espécie de centro irradiador de uma vida mais "saudável", mais "consciente", "melhor", sob múltiplos pontos de vista. Será isso possível?

Ouçamos novamente o especialista em drogas: "são grandes as possibilidades de atuação. É grande o desafio. Se formos capazes de enfrentá-lo coletivamente no cotidiano escolar, poderemos ajudar os adolescentes a refletir e se posicionar criticamente diante da complexa questão das drogas, fazendo escolhas conscientes e que promovam a vida". (Egypto, ibid.)

Embalados por esse espírito reformador que parece revestir a imagem que acalentamos do contexto escolar atual, todos parecem crer numa espécie de "pedagogia extensiva", que abrangesse desde os usos do corpo, passando pelas vicissitudes dos sentidos, até os descaminhos das consciências. Sob esse aspecto, seria possível ensinar, ou prevenir, quase tudo. Vejamos.

Do aborto ao preconceito racial, das regras básicas da convivência democrática ao respeito às diferenças individuais, do voto esclarecido aos direitos do consumidor, da preservação do meio ambiente à profilaxia das doenças sexualmente transmissíveis, das campanhas de desarmamento às novas leis de trânsito, da erradicação de certas doenças endêmicas ao combate à violência urbana, da preparação para o vestibular ao ingresso no mercado de trabalho. Sem se esquecer, por fim, do enfrentamento ao uso/abuso de drogas.

Grande escola! Pobre escola! Prima-irmã do gigante mitológico Atlas, condenado a carregar o imenso mundo nas costas.

A escola e as demandas sociais

As instituições escolares, tal como as conhecemos na atualidade, são uma invenção histórica razoavelmente recente, que remonta a poucos séculos. Embora alguns traços de sua organização interna ainda persistam, as escolas de hoje em dia não se assemelham, quanto a seus propósitos e funções, com as do meio deste século, por exemplo. E o mesmo certamente deverá ocorrer com o ambiente escolar em um futuro próximo. Isso significa que, na qualidade de prática social *sine qua non*, a escola é protagonista e ao mesmo tempo testemunha das transformações históricas, do caleidoscópio dos tempos.

Sendo assim, as últimas décadas em particular atestaram uma espécie de "explosão" funcional dos papéis classicamente atribuídos aos profissionais da educação. A partir das mudanças estruturais presenciadas nas instituições que (co)operam com a educação formal, o trabalho escolar contemporâneo tem deparado com funções múltiplas e difusas que em muito ultrapassam aquelas preconizadas historicamente.

As transformações vertiginosas na organização sociopolítica do país, no universo das relações trabalhistas, no contexto familiar ou mesmo na expansão da mídia são bons exemplos do impacto social sobre as práticas institucionais escolares em curso hoje — o que acarretou a necessidade de redefinições estruturais (e, algumas vezes, rupturas irreversíveis) na própria concepção de escola, do trabalho docente, da sistematização da sala de aula, e, principalmente, das relações entre os pares escolares.

Desta feita, novas exigências foram se somando à função pedagógica clássica, tal como a vínhamos concebendo nas últimas décadas; não se tratando, pois, de uma substituição de papéis, mas muitas vezes de um acúmulo deles. Por exemplo, nas expectativas dos envolvidos no trabalho escolar, desde as esferas político-administrativas até o próprio público, parece pairar uma espécie de polivalência atribuída ao educador: ele deveria ser um pouco pai, psicólogo, sociólogo, político, orientador, amigo etc.

Desse modo, pode-se afirmar que essa polivalência (e por que não dizer onipotência?) atribuída ao educador atual configura-se como o principal indício de um processo de "hibridização" institucional da escola. E o que isso significa?

Convenhamos que, se pudéssemos retornar no tempo, talvez soasse bastante estranho a um professor anterior à década de 1950 que o limite de sua ação em sala de aula devesse superar o âmbito estritamente didático-pedagógico, ou seja, ultrapassar a reposição imediata de um conjunto de conteúdos canonizados por intermédio de um conjunto de procedimentos também canonizados. Da década de 1960 aos dias atuais, novas funções vêm sendo paulatinamente delegadas aos profissionais da educação, desnaturalizando o campo pedagógico tradicional, redefinindo suas fronteiras e diluindo seus contornos clássicos.

Disso decorre que, a cada década, a educação escolar parece tornar-se mais e mais prisioneira de novas atribuições, tendo seus objetivos e funções hibridizados, redesenhados de acordo com as novas demandas sociais, com as exigências sócio-históricas que se gestam em seu exterior, principalmente a partir da efervescência de suas instituições-irmãs (a família, a mídia e o mundo do trabalho, de modo mais direto).

Paradoxalmente, o que, à primeira vista, se constitui como uma possibilidade de fortalecimento ou alargamento do âmbito institucional escolar, tem-se mostrado, na prática cotidiana dos seus atores, quase um embuste. As evidências concretas têm revelado que, enquanto se avolumam novas exigências quanto à intervenção escolar, menos se obtêm resultados eficazes, integrais. Quanto mais se solicita da escola, mais respostas parciais, fragmentárias os profissionais têm conseguido ofertar. E o fracasso escolar e a baixa qualidade do ensino brasileiro parecem ser os efeitos mais nítidos (e, infelizmente, mais onerosos) de tal fenômeno. Como proceder, então, mediante tantas e tão novas demandas?

Melhor seria indagar: afinal de contas, o que se quer verdadeiramente quando alguém, nos dias de hoje, se postula como educador perante outrem? Para o que atentar, de fato, quando em confronto com uma criança ou jovem na condição de aluno? Qual a especificidade mesma da ação pedagógica e, portanto, quais seus limites e possibilidades? Em outras palavras, quais são as fronteiras da instituição escola?

Se partirmos do pressuposto de que uma instituição, a rigor, não existe senão como um conjunto de práticas (ininterruptas, repetitivas e autolegitimadoras) que regulamentam uma espécie de jurisdição imaginária em torno de um objeto específico e distinto do das outras instituições, e que essas práticas se configuram invariavelmente como algo fronteiriço entre diferentes territórios — uma vez que sua ação imbrica e, ao mesmo tempo, se diferencia de outras ações institucionais afins —, impõe-se uma questão: qual seria esse objeto tão caro à instituição escola na atualidade?

Para alguns, trata-se da promoção da cidadania; para outros, da recomposição do legado cultural clássico. Outros elegeriam o pleno desenvolvimento biopsicossocial do aprendiz, de acordo com suas particularidades. Outros, a fomentação de sua consciência crítica. Outros, ainda, a instrumentalização para o trabalho ou, então, para o vestibular.

Como se pode verificar, tais propósitos dificilmente conseguem se conciliar no dia-a-dia escolar (como querem muitos), muito menos se justapor de modo eclético (como querem alguns). Ao contrário, sem dispor de um grau razoável de visibilidade sobre o escopo escolar, corremos o risco de subtrair "de tudo um pouco" e, colateralmente, alcançar "nada de muito".

Isso pode ser constatado quando se coloca em cheque as representações acerca do trabalho escolar por parte dos seus protagonistas, nas quais raramente se encontra motivo para regozijo. A sensação de insatisfação, de exigüidade e de descrédito, tanto para a clientela quanto para os agentes escolares, tem demonstrado que, apesar das boas e largas intenções, estamos longe de conseguir alçar tantos e tão díspares objetivos.

Cabe-nos indagar, então: não residiria na própria ambigüidade, quanto à definição das competências institucionais escolares, grande parte de nossos dilemas profissionais, dos obstáculos presentes no dia-a-dia de uma escola? Mais uma vez: o que se quer exatamente quando alguém se postula como educador perante outrem?

Não obstante, é preciso asseverar que, independentemente do papel pontual que se possa atribuir às ações dos agentes escolares, não é possível passar ao largo das demandas sociais que o contexto sócio-histórico impinge à intervenção escolar, uma vez que se referem a entraves sociais urgentes na maioria das vezes, os quais condicionam indiretamente a eficácia da intervenção pedagógica. O caso do uso/abuso das drogas psicoativas é exemplar nesse sentido!

Por mais que suponhamos que se trata de uma temática alheia ao âmbito pedagógico *stricto sensu*, qualquer educador cioso de seus deveres profissionais concordaria que não se pode permanecer incólume mediante suas manifestações no cotidiano prático. Sem dúvida, as demandas sociais têm exigido respostas cada vez mais complexas e abrangentes por parte dos educadores.

Entretanto, vale lembrar que nem sempre tais demandas (e o caso das drogas aí incluído) têm de, necessariamente, ser respondidas tal e qual são requeridas pelo contexto sócio-histórico. É importante frisar que qualquer intervenção institucional se define mais como um processo de desapropriação/reapropriação de determinadas demandas, encarnadas nas necessidades concretas da clientela, do que uma resposta imediata e literal a elas. Nesse sentido, como viabilizar uma des/reapropriação conseqüente e factível daquilo que se nos solicita tão insistentemente? Qual, enfim, o papel possível da escola perante as novas demandas sociais, e particularmente o caso das drogas?

As drogas como tema transversal

É nessa altura de nosso trajeto que podemos, enfim, propor os "temas transversais"[5] como uma alternativa — a nosso ver, até certo ponto revolucionária — para o enfrentamento das questões sociais que batem à porta das escolas. São elas quase sempre visitas inesperadas, indesejáveis até, mas que exigem de algum modo um posicionamento claro e, na medida do possível, um acolhimento generoso e sereno por parte dos educadores.

Mais do que isso, tais temáticas configuram uma ocasião ímpar, porque pulsante, de concretização dos princípios e valores democráticos que a inserção dos temas transversais nos currículos escolares vislumbra. São eles, de acordo com os Parâmetros Curriculares Nacionais[6] (1997):

- *a dignidade da pessoa humana*: observância aos direitos humanos, condições de vida dignas, respeito mútuo nas relações sociais, e repúdio a qualquer tipo de discriminação;
- *a igualdade de direitos*: garantia da mesma possibilidade de exercício de cidadania a todos, levando-se em conta as diferenças e desigualdades entre as pessoas;

---

5. Cumpre-nos esclarecer que os "temas transversais", inseridos nos Parâmetros Curriculares Nacionais (PCNs), referem-se a um conjunto de temáticas sociais, presentes na vida cotidiana, que deverão ser tangenciadas pelas áreas curriculares específicas, impregnando "transversalmente" os conteúdos de cada disciplina bem como o convívio entre os pares escolares. Foram eleitos, assim, os seguintes temas gerais: ética, pluralidade cultural, meio ambiente, saúde, orientação sexual, além de trabalho/consumo.

6. Vale ressaltar que os PCNs visam à formulação de um conjunto de diretrizes gerais e específicas capaz de nortear os currículos e seus conteúdos mínimos, mas como um processo flexível e articulado, respeitando-se a autonomia dos estados e municípios.

- *a participação ativa*: complementaridade entre a representação política tradicional e a participação popular no espaço público;
- *a co-responsabilidade pela vida social*: partilha com os poderes públicos e diferentes grupos sociais da responsabilidade pela construção e ampliação da democracia no país.

A despeito da contigüidade, para alguns excessiva, dos pilares político-filósoficos do modelo em voga com relação ao modelo espanhol, no qual se "inspirou" a proposta brasileira, é preciso ressaltar que se trata de uma iniciativa absolutamente digna de interesse — ainda que passível de polêmica.

Vejamos a justificativa primeira para a inserção dos temas transversais na proposta dos PCNs do MEC (1997, p.25):

"Eleger a cidadania como eixo vertebrador da educação escolar implica colocar-se explicitamente contra valores e práticas sociais que desrespeitem aqueles princípios, comprometendo-se com as perspectivas e decisões que os favoreçam. Isso refere-se a valores, mas também a conhecimentos que permitam desenvolver as capacidades necessárias para a participação social efetiva.

Uma pergunta deve então ser respondida: as áreas convencionais, classicamente ministradas pela escola, como Língua Portuguesa, Matemática, Ciências, História e Geografia, não são suficientes para alcançar esse fim? A resposta é negativa.

Dizer que não são suficientes não significa absolutamente afirmar que não são necessárias. É preciso ressaltar a importância do acesso ao conhecimento socialmente acumulado pela humanidade. Porém, há outros temas diretamente relacionados com o exercício da cidadania, há questões urgentes que devem necessariamente ser tratadas, como a violência, a saúde, o uso dos recursos naturais, os preconceitos, que não têm sido diretamente contemplados por essas áreas. Esses temas devem ser tratados pela escola, ocupando o mesmo lugar de importância".

Não se pode negar que o argumento empregado como justificativa-chave para a inclusão dos transversais nos parâmetros curriculares é auto-evidente. Trata-se de uma resposta exeqüível, na medida do possível, às demandas sociais brasileiras e sua invariável urgência... Entretanto, do mesmo argumento deriva, a nosso ver, uma inquietante oposição: a dos conteúdos tradicionais *versus* os temas transversais. Priorizar os segundos exige uma decisão teórica, e por extensão metodológica, audaciosa e longe de ser consensual. Vejamos por que.

Ao analisar a relação entre os conteúdos convencionais e os transversais, a autora espanhola Montserrat Moreno propõe um desafio histórico: como se gestou nossa herança cultural-escolar clássica? Qual a gênese das disciplinas escolares, tal como as concebemos hoje?

"Se rastrearmos as origens destas disciplinas, veremos que provêm de núcleos de interesses intelectuais que preocupavam e ocupavam os pensadores da Grécia clássica, em cujo pensamento costumam situar-se as origens da ciência ocidental. Aqueles pensadores antigos determinaram, dentro do universo de tudo o que é pensável, os campos temáticos mais importantes sobre os quais valia a pena concentrar os esforços intelectuais, convertendo-os em temas de discussão e no centro dos seus escritos. (...) Mas há uma pergunta primordial, em relação à ciência, que nunca ou quase nunca fazemos e que pode parecer ousada: os temas nos quais estão baseadas as ciências atuais e as que lhes deram origem constituem realmente as matérias mais importantes entre todas as que podem ocupar o cérebro humano? De todas as questões referentes à humanidade em seu conjunto, os pensadores gregos terão escolhido as fundamentais? Refletiam os interesses da maioria ou só os de uma pequena elite?" (1997, pp.25-26)

Como se pode notar nas indagações da autora, duas são as críticas que subjazem à hegemonia dos temas clássicos no ensino tradicional: em primeiro lugar, eles parecem não espelhar necessidades concretas, uma vez que não se aproximam, em sua gênese, das demandas da vida cotidiana, e nem visam aplicabilidade a esta; em segundo lugar, não se pode dizer que seus gestores espelhavam as necessidades da maioria, já que a elite grega era segregacionista e hierarquizada, portanto não democrática (pelo menos como concebemos hoje a noção de democracia atrelada ao princípio da maioria).

É exatamente como resposta a essas críticas que nasce a proposta atual dos temas transversais: trata-se de questões essencialmente sociais, ligadas ao cotidiano prático das pessoas, e que visam, sobretudo, a instrumentalização para o exercício ativo da cidadania num contexto social democrático — o que pode e deve ser tomado como objeto precípuo da intervenção escolar.

Densificando o exame da imbricação entre os conteúdos tradicionais e os transversais, Araújo (1997, pp.13-14) apresenta-nos os três modos já conhecidos (distintos, mas não necessariamente excludentes) de compreender e efetivar essa delicada relação:

"a) Uma primeira forma é entendendo que essa relação deve ser intrínseca, ou seja, não tem sentido existir distinções claras entre conteúdos tradicionais e transversais. Um professor de Matemática, por exemplo, jamais poderia imaginar o conteúdo com que trabalha desvinculado da construção da democracia e da cidadania.

b) Uma segunda maneira é entendendo que a relação pode ser feita pontualmente, através de módulos ou projetos específicos em que, voltando ao nosso exemplo, em determinados momentos do curso o professor de Matemática deixaria de trabalhar somente sua disciplina e incorporaria algum tema transversal em suas aulas. Dessa forma, ele priorizaria o conteúdo específico de sua área de conhecimento, mas abriria espaço também para outros conteúdos.

c) Uma terceira maneira de conceber essa relação é integrando interdisciplinarmente os conteúdos tradicionais e os temas transversais, ou seja, é entendendo que a transversalidade só faz sentido dentro de uma concepção interdisciplinar do conhecimento. Exemplificando essa proposta, o professor de Matemática necessita integrar o conteúdo específico de sua área não só aos temas transversais, como os que objetivam a construção da cidadania, mas também aos demais conteúdos curriculares, como os de Estudos Sociais, Ciências e Língua Portuguesa". (pp.13-14)

Adiante, como alternativa a esses três tipos de medida, propõe o autor uma outra possibilidade de tangenciamento dos transversais articulados aos conteúdos convencionais, em que as disciplinas clássicas deixem de se constituir como fins em si mesmas e se convertam em meios para se atingir propósitos outros, mais afinados com os interesses e necessidades da maioria da população, mais democratizantes portanto. É disso que trata a noção mesma de "transversalidade" proposta, semelhante àquela em pauta em alguns segmentos do circuito educacional brasileiro.[7]

Nas palavras de Araújo, essa concepção de transversalidade implica "uma virada de noventa graus na imagem formada pela relação anterior entre os conteúdos tradicionais e temas transversais, tornando os temas transversais que constituem o centro das preocupações sociais no eixo longitudinal, ou vertebrador, dos conteúdos escolares". (ibid., pp.14-15)

Como se pode observar na alternativa aí esboçada, trata-se de uma guinada radical na compreensão que se tem da organização curricular, uma vez que suas implicações atingem diretamente o trabalho de sala de aula e as próprias relações entre agentes e clientela escolares. A escola tornada uma espécie de grande *locus* da vivência democrática, porque

---

7. Um bom exemplo nesse sentido é o do projeto *Veja na sala de aula*, levado a cabo pela Fundação Victor Civita, que consta de um suplemento da revista *Veja* voltado para educadores do ensino médio, a partir do qual instrumentaliza-se o emprego de determinadas reportagens no trabalho da sala de aula.

em ato, corporificada em questões vitais para o exercício da cidadania; e a sala de aula, um laboratório de experiências pedagógicas desafiadoras, porque participativas e contínuas.

Novamente, Montserrat Moreno exemplifica essa possibilidade alertando que "se os temas transversais forem tomados como fios condutores dos trabalhos da aula, as matérias curriculares girarão em torno deles; desta forma, transformar-se-ão em valiosos instrumentos que permitirão desenvolver uma série de atividades que, por sua vez, levarão a novos conhecimentos, a propor e resolver problemas, a interrogações e respostas, em relação às finalidades para as quais apontam os temas transversais. (...) As novas aprendizagens deverão generalizar-se para outros conteúdos, ser aplicadas a outros temas ou — nos níveis mais evoluídos — ser retomadas no plano teórico, abstrato e geral, levando assim os estudantes do nível mais concreto de aplicação a um outro ligado ao tratamento científico dos conteúdos, fazendo-lhes ver o fio condutor entre a aplicação e a teoria, entre o cotidiano e o científico; caso contrário, o divórcio entre teoria e prática gerará a incompreensão e, com freqüência, a rejeição". (ibid., p.53)

Nesse sentido, vale o esforço de imaginação: não seria a questão do uso/abuso das drogas psicoativas, se tomada como uma temática transversal, uma excelente ocasião de articulação dos saberes abstratos dos diferentes campos teóricos aos clamores concretos da clientela? Uma reapropriação produtiva de uma demanda social aflitiva? Uma maneira vívida, instigante e intrigante de construção do conhecimento e de uma certa perplexidade perante a vida contemporânea e suas vicissitudes?

Mesmo que hoje, às portas do próximo século, ainda tenhamos uma certa dificuldade de nos descolar da imagem tradicionalista, estanque e compartimentada, que cultivamos da educação formal, não seria possível imaginar, por exemplo, o ensino de História, ou de Língua Portuguesa, ou de Ciências, estruturados em torno de temas geradores estranhos e inusitados à escola, mas, ao mesmo tempo, vizinhos próximos em nosso cotidiano, como a ética, a sexualidade, a ecologia ou a paz?

E por que não as drogas? O que nos impede de arriscar?

Bibliografia

ABERASTURY, A. (1981) O adolescente e a liberdade. In: ABERASTURY, A.; KNOBEL, M. *Adolescência normal*. Porto Alegre: Artes Médicas, pp.13-23.

ARATANGY, L. (1996) Drogas: uma questão de liberdade. In: TOZZI, D.; SANTOS, N. L. (coord.). *Papel da educação na ação preventiva ao abuso de drogas e às DST/AIDS*. (Série Idéias, 29) São Paulo: FDE, pp. 109-17.

_____. (1995) *Doces venenos*: conversas e desconversas sobre drogas. 5ª ed. São Paulo: Olho d'água.

ARAÚJO, U. F. (1997) Apresentação à edição brasileira. In: BUSQUETS, M. D. et al. *Temas transversais em educação:* bases para uma formação integral. São Paulo: Ática, pp. 9-17.

BRASIL. Secretaria de Educação Fundamental. (1997) *Parâmetros curriculares nacionais:* apresentação dos temas transversais, ética. (vol.8). Brasília: MEC/SEF.

EGYPTO, A. C. (1998) Drogas: uma questão de vida. In: *Veja na sala de aula*: guia do professor. (suplemento da Revista *Veja*, ano 31, n. 21, edição 1548, pp. 2-3)

FAERMAN, M. (1998) Novos ventos educacionais. *Educação*, n. 24, n. 202, pp. 30-9.

FERREIRA, A. B. H. (1975) *Novo dicionário da língua portuguesa*. Rio de Janeiro: Nova Fronteira.

GIANNETTI, E. (1998) A pílula da felicidade. *Folha de S.Paulo*, caderno 5 (Ilustrada), p. 9.

LIMA, S.; OYAMA, T. (1998) Passageiros da agonia. *Veja*, 27/5/98, pp. 118-25.

MORENO, M. (1997) Temas transversais: um ensino voltado para o futuro. In: BUSQUETS, M. D. et al. *Temas transversais em educação:* bases para uma formação integral. São Paulo: Ática, pp. 19-59.

PESSANHA, J. A. M. (1992) As delícias do jardim. In: NOVAES, A. (org.) *Ética*. São Paulo: Companhia das Letras, pp. 57-86.

SCLIAR, M. (1997) Paraísos artificiais. *Veja*, 28/5/97, pp. 9-11.

TOZZI, D.; SANTOS, N. L. (1996) (coord.) *Papel da educação na ação preventiva ao abuso de drogas e às DST/AIDS*. (Série Idéias, 29) São Paulo: FDE.

Prevenção também se ensina?

Devanil Tozzi*
Jairo Bouer**

*Vim pelo caminho difícil, a linha que nunca termina,
a linha bate na pedra, a palavra quebra uma esquina,
mínima linha vazia, a linha, uma vida inteira,
palavra, palavra minha.*

Paulo Leminski

Nunca se falou tanto em drogas e sexualidade como nesses últimos dez anos. Esses temas são hoje recorrentes na televisão, nos jornais, nas revistas, na publicidade, no futebol, na música, em todos os segmentos da cultura brasileira.

Quem vive o dia-a-dia das escolas sabe que dentro delas isso não é diferente. Repletas de adolescentes plugados nessa nova realidade, ávidos por participar das transformações do mundo, as escolas estão perplexas diante de um novo paradigma que começa a ser desenhado.

Questões relativas ao uso das drogas e a uma nova maneira de se lidar com a sexualidade invadiram o cotidiano da comunidade escolar e criaram uma demanda por reflexões e respostas que possam dar conta das ansiedades dos alunos, pais e educadores.

---

* Professor de história e educador. Coordenador de projetos da Fundação para o Desenvolvimento da Educação, FDE, da Secretaria de Estado da Educação de São Paulo.

** Médico psiquiatra. Colunista dos cadernos Cotidiano e Folhetim do jornal *Folha de S.Paulo* e consultor do projeto "Prevenção Também se Ensina" da FDE, da Secretaria de Estado da Educação de São Paulo.

Esse cenário pode ser o ponto de partida para a construção de um novo modelo de prevenção, que seja trabalhado a partir das experiências e dificuldades que surgem na própria escola, utilizando sempre como força motriz o desejo dos alunos e dos professores de buscarem alternativas mais conscientes, participativas e saudáveis.

Nesse aspecto, uma cultura que trate de forma recorrente de temas como drogas e sexualidade pode oferecer uma grande oportunidade para que a prevenção possa, sim, ser trabalhada e ensinada nas escolas.

1998: o adolescente, as drogas e as DST/AIDS

As drogas e as DST/AIDS são hoje elementos concretos do cotidiano de qualquer adolescente brasileiro. O IV Levantamento sobre o Uso de Drogas entre Estudantes de 1º e 2º grau em dez capitais brasileiras, de 1997, feito pelo Centro Brasileiro de Informações sobre Drogas Psicotrópicas (CEBRID) e pelo departamento de psicobiologia da Escola Paulista de Medicina da Universidade Federal de São Paulo, é uma das provas mais contundentes nesse sentido. A pesquisa, realizada com mais de 15 mil estudantes no Brasil, mostra que um quarto deles já experimentou alguma droga psicotrópica em sua vida. O levantamento foi realizado em Belém, Fortaleza, Recife, Salvador, Brasília, Belo Horizonte, Rio de Janeiro, São Paulo, Curitiba e Porto Alegre, e é um dos trabalhos mais completos e com melhor metodologia já realizados no país.

Em São Paulo, o estudo, que entrevistou 2.730 alunos de dezessete escolas de 1º e 2º graus, mostra que 20% dos meninos e 17,9% das meninas já experimentaram alguma droga psicotrópica (exceto tabaco e álcool) na sua vida. Na faixa dos 10-12 anos, 12,3% já usaram drogas. De 13-15 anos, esse número é de 15,3%. Dos 16-18 anos, chega a 24,7% e, em maiores de dezoito anos, esse número salta para 31,8%. Excetuando-se o tabaco e o álcool, as drogas com maior uso na vida em São Paulo foram: solventes, maconha, anfetamínicos, ansiolíticos e cocaína. Entre os usuários, houve maior porcentagem (33%) de defasagem escolar de três anos ou mais do que entre os não-usuários (20,2%). Os estudantes usuários faltaram mais à escola nos últimos trinta dias (62,3%) contra 48,1% dos não-usuários. A média geral do Brasil indica que 24,7% (praticamente um quarto) da população dos alunos já usaram alguma droga psicotrópica (excluindo tabaco e álcool) na sua vida.

Em Porto Alegre, 5,2% dos estudantes fazem uso regular de alguma substância psicotrópica. Em outras seis capitais, essa porcentagem é superior a 3%. Outro dado mostra que 51,2% dos estudantes brasileiros entre 10-12 anos já usaram álcool e 11% já experimentaram o tabaco. Quinze por cento dos estudantes de 1º e 2º graus fazem uso freqüente do álcool e 6,2% deles do tabaco.

A revista *Veja*, em matéria de capa de maio de 1998, que tratava das mortes por uso de drogas entre jovens brasileiros, afirma que cerca de vinte mil pessoas morreram em 1997, no Brasil, por causa das drogas. Esse número inclui overdoses, suicídios e assassinatos.

A reportagem também mostra o resultado de uma outra pesquisa realizada entre alunos da Universidade de São Paulo pelo Grupo de Estudos de Álcool e Drogas do Instituto de Psiquiatria do Hospital das Clínicas da USP (GREA). A pesquisa aponta que um terço dos estudantes da Universidade de São Paulo já fumou um cigarro de maconha. A matéria ainda diz que 2 milhões de pessoas consomem diariamente algum tipo de psicotrópico no Brasil.

Outro documento importante, o "Informe sobre a Saúde no Mundo (1998): A Vida no Século XXI, uma Perspectiva para Todos", elaborado pela Organização Mundial da Saúde (OMS), afirma, de acordo com o jornal *Folha de S.Paulo* de 12 de maio de 1998, que a propagação da AIDS, a delinqüência, as drogas e os acidentes de trânsito ameaçam os jovens na virada do milênio.

O relatório diz que para muitos jovens, especialmente os que crescem em zonas urbanas muito pobres, os anos da adolescência serão os mais perigosos da vida. O documento afirma que no Brasil o uso de drogas entre adolescentes está associado com a violência no lar, com a oferta reduzida de trabalho e com a desconfiança em relação ao futuro.

O último congresso mundial de AIDS, realizado em julho de 1998 em Genebra, Suíça, também trouxe notícias preocupantes para a vida dos adolescentes. A doença continua a avançar na maior parte do mundo. As camadas mais jovens e pobres da população são as que estão sob maior risco. A epidemia avança a uma velocidade de 16 mil casos novos por dia.

No Brasil, foram confirmados até fevereiro de 1998, 128.821 casos de AIDS. A distribuição de casos, segundo idade (entre 1980 e fevereiro de 1998), aponta que entre treze e catorze anos estão 0,1% dos casos. Entre quinze e dezenove, esse número vai a 2,3%. Entre vinte e 24, 11% e, entre 25 e 29, 21,2%. Boa parte das pessoas que têm seu diagnóstico feito no início da vida adulta, foi contaminada ainda na adolescência.

Nos EUA, na faixa dos treze aos 24 anos, 63% das novas infecções ocorrem entre negros. Ainda nessa mesma faixa, 44% das novas infecções acontecem entre mulheres. Das novas infecções, 50% acontecem em jovens com menos de 25 anos.

Os números e os diferentes relatórios apontam que as questões relativas às drogas, às DST e à AIDS ocupam papel central na vida do adolescente brasileiro deste fim de século.

Prevenção também se ensina: uma experiência no estado de São Paulo

Em 1996, o Governo do Estado de São Paulo, por intermédio da Secretaria de Estado da Educação, em parceria com a Secretaria de Estado da Saúde, delegando a coordenação à Fundação para o Desenvolvimento da Educação (FDE), iniciou, em 1996, o Projeto "Prevenção Também se Ensina", que hoje se encontra implantado em todas as Delegacias de Ensino do Estado, envolvendo 1.548 escolas estaduais, 4.931 educadores e 14 mil alunos como agentes de prevenção. Indiretamente, o Projeto está beneficiando 1,5 milhão de alunos.

O Projeto, desde seu início, tem a preocupação de se tornar um trabalho sistemático e de caráter permanente, com o objetivo de instrumentalizar as escolas em relação ao abuso de drogas e à prevenção às drogas e DST/AIDS, pela capacitação dos educadores envolvidos e do uso de materiais didáticos específicos. O objetivo é que a temática seja incorporada ao plano escolar de cada unidade, a fim de atender a todos os segmentos da comunidade escolar.

A proposta é de permanência e continuidade, não pretendendo soluções mágicas, mas apontando caminhos e oferecendo alternativas saudáveis e criativas de prevenção. A revisão, adaptação e a reformulação constituem-se num percurso árduo, porém rico e necessário, devendo ser construído e compartilhado na direção de um objetivo comum que é a redução das vulnerabilidades em relação ao abuso de drogas e às DST/AIDS.

As ações desenvolvidas na Rede Escolar pressupõem a valorização e a melhoria na qualidade de vida como atitudes indispensáveis às estratégias de prevenção, bem como estimulam um amplo processo participativo que leva à apropriação do programa de prevenção pela comunidade escolar, para que não fique restrito aos participantes das ações de capacitação, contribuindo de fato para a formação de cidadãos saudáveis.

Da avaliação feita em 1997, 70% das escolas implantaram projetos de prevenção, e o projeto teve uma aceitação de 90% por parte dos educadores. Neste momento está sendo feita uma avaliação procurando analisar a qualidade dos projetos implantados.

O Projeto "Prevenção Também se Ensina" desenvolveu oficinas de capacitação descentralizadas, tendo como eixo central a valorização da vida, os aspectos técnicos, epidemiológicos, clínicos e de prevenção. As oficinas de capacitação estão sendo desenvolvidas com a preocupação de trabalhar a mudança de posturas e atitudes preconceituosas por meio de dinâmicas de grupo, oficinas vivenciais e grupos operativos. Os educadores capacitados da escola e da Delegacia de Ensino são responsáveis pela elaboração, implantação, articulação, acompanhamento e avaliação dos projetos de prevenção no âmbito de cada comunidade escolar.

A escola e a prevenção

A Organização das Nações Unidas para a Educação, Ciência e Cultura (UNESCO) aponta a escola como o local mais adequado para o desenvolvimento de ações preventivas voltadas à melhoria da qualidade de vida.

Nesse sentido, a escola, instituição cuja competência é atuar junto às crianças e adolescentes, constitui-se em espaço privilegiado para construção e transmissão de conhecimentos que possibilitem a rejeição às drogas e a adoção de práticas sexuais seguras. Os pais e a comunidade em geral, por se sentirem despreparados e ansiosos diante dessas questões, tendem a transferir para a escola, e particularmente para os professores, a responsabilidade e a tarefa de orientar seus filhos, notadamente no que concerne à prevenção das DST/AIDS e ao abuso das drogas. Os professores, por sua vez, sentem-se também despreparados para a abordagem desses temas junto a seus alunos.

• a escola é, por definição um espaço de socialização do saber;

• a escola é o local onde o aluno passa boa parte da sua vida. E essa é a fase mais rica para a aprendizagem, para mudança de posturas, atitudes e comportamentos;

• a escola, mais do que qualquer instituição, é privilegiada como espaço educativo de educação formal;

• a escola, em relação às drogas, pode ser um espaço para discussão e possibilidades de informações confiáveis fortalecendo as relações pessoais e o convívio em grupo;

• a escola tem competência para mobilizar diferentes segmentos da comunidade;

• a prática de esportes, principalmente coletivos, leva o adolescente a descobrir a validade de regras, disciplina, espírito de grupo;

• a escola poderá criar espaços alternativos nos quais o aluno buscará a prática do esporte, o convívio com a arte por meio de filmes e de outras atividades lúdicas.

Em resumo, um programa de prevenção sintonizado com a realidade teria de privilegiar os seguintes pontos:

• a prevenção deve ser incorporada como uma política de governo e uma política da escola;

• os princípios e valores norteadores devem ser transparentes e universais e discutidos pelo conjunto da comunidade: pais, educadores e alunos;

• todos os segmentos da comunidade devem ter claro o que se quer prevenir, quais procedimentos devem ser tomados e identificar as parcerias que são necessárias para o desencadeamento e permanência do projeto na escola;

• o uso de drogas deve ser entendido e considerado em sua historicidade;

• uma política de prevenção deve contemplar as diversidades culturais, as motivações para o uso de drogas e os riscos e prejuízos associados aos diversos tipos de uso;

• uma política de prevenção deve se referir à promoção da qualidade de vida e à valorização da vida; contemplando informações sobre as diversas drogas, sejam elas lícitas ou ilícitas e os diferentes tipos de uso: o experimental, o recreativo ou ocasional, o abuso e a dependência;

• uma política de prevenção deve ser constituída numa perspectiva de educação continuada e permanente, procurando entender os processos de mudança de mentalidade e postura nos adolescentes e adultos;

• envolvimento da comunidade escolar - educadores e funcionários (merendeira, inspetor, secretária etc.) devem ter uma atitude/postura preventiva diante do uso de drogas e que todos são importantes no trabalho preventivo;

• os profissionais envolvidos devem ser capacitados para não assumir posturas preconceituosas, autoritárias ou paternalistas;

• a prática pedagógica pressupõe interação, diálogo e afetividade. O adolescente precisa se sentir seguro e respeitado quando individualmente ou no coletivo expuser seus sentimentos, medos e valores;

• o prazer, a solidão, o desamparo familiar e a exclusão social e educacional são fatores importantes para reconhecer que o uso de drogas não é uma questão de mão única repressiva;

• o espaço da escola é, para muitos adolescentes, o local em que eles podem refletir sobre cidadania e construir uma nova visão de mundo. O tipo de aprendizagem e as formas de relações que se estabelecem no cotidiano escolar definem o cidadão que está sendo formado;

• prevenção primária ou primordial não pode ser confundida com procedimentos terapêuticos, de tratamento, de diagnóstico de dependência ou de repressão meramente legalista;

• a implementação de um projeto de prevenção pressupõe diferentes fases de integração com áreas da Saúde Pública, Conselhos, ONGs e outras entidades regionais que desenvolvam ações de prevenção;

• a avaliação deverá possibilitar a verificação do alcance e da eficácia do Projeto proposto em cada escola ou região. Deve ser contínuo e amplamente discutido entre os agentes de prevenção para permitir as alterações necessárias e o planejamento, visando à maior efetividade das ações.

Modelos de prevenção

Baseados nos estudos de Beatriz Carlini-Cotrim (Carlini-Cotrim, B.; Pinsky, I. Prevenção ao abuso de drogas na escola: uma revisão da literatura internacional recente. *Cadernos de Pesquisa*, n.69, 1989, pp.48-52), podemos considerar três linhas distintas de modelos de prevenção na escola:

1- *Aumento de controle social*;
2- *Oferecimento de alternativas*;
3- *Educação* (esta última linha de atuação pode ser desenvolvida a partir de seis modelos educacionais: princípio moral; amedrontamento; informação científica; educação afetiva; vida saudável; pressão de grupo.

1- *AUMENTO DO CONTROLE SOCIAL*
Nas duas últimas décadas, o aumento do uso de drogas engloba um rol de outros fenômenos como: delinqüência juvenil, gravidez precoce, doenças venéreas na adolescência e diminuição do controle social exercido pelos adultos sobre o comportamento dos jovens. A mola mestra dessa linha é que o jovem tem impulsiva e desenfreada busca pelo prazer, para isso, portanto, é necessário o controle de busca estabelecendo limites e aumentando o controle sobre os indivíduos.

2- OFERECIMENTO DE ALTERNATIVAS

Defende que a questão do abuso de drogas tem suas raízes em problemas e tensões sociais enfrentados na juventude e que as drogas seriam válvula de escape. Essa linha difere de outras que acreditam que a intervenção dever ser feita nas questões sociais. Intervenções adotadas são: formação de grupos culturais e esportivos atuantes fora do horário escolar e programas de instrução profissional (extracurriculares).

3- EDUCAÇÃO

3.1- Modelo de princípio moral

Prega que o abuso de drogas é condenável do ponto de vista ético e moral. Seus princípios são baseados na:
- religião;
- patriotismo;
- sacrifício social.

3.2- Modelo de amedrontamento

Acreditou-se que campanhas com os aspectos negativos das drogas seriam eficientes para as pessoas pararem de usá-las. O modelo amedrontador utiliza-se de métodos que buscam assustar o público-alvo por meio de, por exemplo, palestras com exibição de fotos de pessoas desfiguradas, com feridas, magras, certidão de óbitos; buscando sempre um tom sensacionalista, de exagero e ênfase dos sintomas.

3.3- Modelo do conhecimento científico

Propõe o fornecimento de informações sobre drogas de caráter imparcial e científico. A partir dessas informações, os jovens poderiam tomar decisões racionais, se bem fundamentados sobre as drogas. As avaliações sobre esse modelo foram desanimadoras e revelaram que grande parte dos jovens assimilou os conteúdos, mas isso não implicou numa mudança de comportamento ou de atitude. A explicação apenas científica serviria para diminuir o medo. O modelo de informação é ainda pouco utilizado na estruturação de programas educativos.

3.4- Modelo da educação afetiva

Constitui-se de um conjunto de técnicas para alterar fatores pessoais tidos como vetores para o uso de drogas que são:
- melhora e desenvolvimento da auto-estima;
- capacidade de lidar com ansiedade;

- habilidade de decidir e interagir em grupo;
- possibilidade de resistir às pressões do grupo.

Nesse modelo a droga não é tratada como a questão principal, ela é apenas um dos tópicos tratados. Essa forma de abordagem é bastante polêmica — os pesquisadores apontam que o nível de consumo de drogas não diminui; o que melhora são pontos como fortalecimento da auto-estima. A questão ainda é polêmica. Em escolas, deve se tomar muito cuidado porque nem sempre o professor está apto para lidar com as variações pessoais e psicológicas de seus alunos.

3.5- Modelo do estilo de vida saudável

A estratégia central deste modelo é promover estilos de vida associados à boa saúde, à alimentação balanceada, ao controle de peso e a exercícios físicos. Os meios de comunicação têm incentivado esse estilo. Na França, uma disciplina chamada "Ecologia Médica", abre espaço para esse debate, incluindo temas atuais como: poluição, trânsito, substâncias cancerígenas e outros.

3.6- Modelo da pressão positiva

O modelo da pressão positiva de grupo ainda é pouco desenvolvido. Os jovens passam a ser os interlocutores de si próprios, e os adultos são afastados. Busca-se, nos grupos, os líderes naturais de vanguarda entre os próprios adolescentes. Incentivam-se festas, encontros e reuniões sem o uso dos psicotrópicos. Há organizações de solidariedade e de ajuda entre os jovens.

* * *

Não se trata de fazer um julgamento moral dos modelos de prevenção. É preciso deixar claro que a prevenção tem um limite. Educadores têm como trabalho chegar antes do drama e procurar fazer um diagnóstico de quem é seu aluno — O que ele pensa? Do que mais gosta? Como as famílias estão discutindo com eles? Um "raio x" da região e da comunidade ajudam na escolha da forma de intervenção. Assim, evitam-se metodologias e materiais inadequados e posturas preconceituosas.

Isso é o que pode ser chamado de primeira educação formal e sistematizada, ou educação primordial, ou, ainda, prevenção primária.

Temos ainda a prevenção secundária, que se propõe a diminuir a prevalência da droga reduzindo a evolução e chegando antes da dependência química. E a prevenção terciária, que requer um tratamento especializado médico, psiquiátrico, que busca a reintegração do indivíduo na família e na sociedade.

Adolescência e vulnerabilidade

A psicoterapeuta Lídia Rosenberg Aratangy, no livro *Desafios da convivência* (São Paulo: Gente, 1998, pp.25-26), ensina que "o desenvolvimento da nossa vida mental não é homogêneo. Alguns aspectos amadurecem depressa, outros levam mais tempo para atingir a maturidade e algumas facetas de nosso repertório emocional permanecem imaturas para sempre. Por mais sensato e equilibrado que seja, um adulto sempre terá algumas áreas infantis (basta observar, no trânsito, o comportamento de algumas figuras de aparência séria e respeitável para entender o que estou querendo dizer – nem é preciso ler as páginas policiais dos jornais). A adolescência é o incômodo lugar de onde nunca acabamos de sair completamente e para onde voltamos todas as vezes que nos sentimos inseguros e vulneráveis".

Dessa forma, estamos todos vulneráveis à vida e ao perigo. Guimarães Rosa já dizia em *Grande Sertão Veredas* que "viver é muito perigoso", mas é também a percepção dos perigos da vida que nos faz mais fortes para atravessarmos os grandes desafios e dificuldades que encontramos pelo caminho.

A literatura aponta a adolescência como uma fase de descobertas, transformações e crises. Fica fácil entender as razões pelas quais se encontram situações de risco envolvendo o uso e abuso de drogas, bem como a contaminação pelo HIV e outras doenças sexualmente transmissíveis. Há, igualmente, concordância entre os especialistas de que nessas questões se consegue maior eficácia na promoção de mudanças reais de comportamento entre os adolescentes por meio da valorização de uma vida saudável.

A noção de vulnerabilidade busca estabelecer uma síntese conceitual e prática das dimensões sociais, político-institucionais e comportamentais associadas às diferentes suscetibilidades de indivíduos, grupos populacionais e até mesmo nações.

Trata-se de não se fazer uma separação daqueles que têm mais chance de se expor às drogas e à AIDS. A questão é avaliar as diferentes chances que todo e qualquer indivíduo tem de se contaminar. Todo projeto de prevenção deve ter claro quem são seus interlocutores diretos e indiretos; saber a que tipo de grupo pertencem; conhecer suas características individuais e sociais e como seu cotidiano é constituído; e ainda procurar particularizar as diferentes situações dos sujeitos (indivíduos e coletivos).

A noção de vulnerabilidade surgiu no início do trabalho com prevenção de AIDS. O Projeto *Prevenção Também se Ensina* procurou entender essa questão de forma mais abrangente – estendendo a noção ao campo das drogas, desde que o princípio do projeto é fazer uma discussão articulada sobre drogas, DSTs e AIDS.

Nessa perspectiva, a vulnerabilidade é entendida por três planos analíticos:

• o individual: é relacionado a comportamentos que criam a oportunidade de se infectar ou adoecer, nas diversas situações já conhecidas (transmissão sexual, uso de drogas, transfusão sanguínea e transmissão vertical).

"Destaca-se, entretanto, que os comportamentos associados à maior vulnerabilidade devem ser entendidos não como uma decorrência imediata da ação voluntária dos indivíduos, mas como relacionados a condições objetivas do meio natural e social em que se dão esses comportamentos, ao grau de consciência que esses indivíduos têm sobre tais comportamentos e condições objetivas e ao efetivo poder de transformação de comportamentos a partir dessa consciência." (Ayres, J.R.C.M. Educação preventiva e vulnerabilidade às DST/AIDS e abuso de Drogas entre escolares: como avaliar a intervenção. *Idéias*. São Paulo: FDE, n.29, 1996, p.18)

• o social: aqui a vulnerabilidade deve ser avaliada por aspectos como: que tipo de acesso a informação o grupo em questão tem; a porcentagem do Produto Nacional Bruto destinado a investimentos na saúde – pelas autoridades centrais e regionais; o acesso a serviços de saúde; o comportamento de indicadores epidemiológicos; os aspectos sociopolíticos e culturais (ausência de legislações específicas, restrições de exercício de cidadania); o grau de liberdade de pensamento e instrução dos diversos sujeitos; as condições de bem-estar social.

• o programático ou institucional: as ações desencadeadas pelo Estado; as parcerias interinstitucionais; os mecanismos de avaliação; as ações desencadeadas e as formas efetivas de continuidade; os compromissos oficiais assumidos pelas autoridades; a qualidade do gerenciamento e acompanhamento das ações; as formas de financiamento.

Esses planos podem contribuir para organizar um trabalho preventivo não só na área da sexualidade e drogas, mas também na discussão sobre a exposição dos jovens à violência.

Por que os adolescentes são considerados um segmento de elevada vulnerabilidade? Essa pergunta deveria ser feita para todos os envolvidos num projeto de prevenção, sejam eles educadores, alunos, pais ou responsáveis. A seguir apresentamos alguns aspectos para a discussão sobre a vulnerabilidade nessa fase da vida:

• a sensação de que "não é comigo, nada me ataca" — um sentimento de pureza e ao mesmo tempo de onipotência;

• dificuldade de informação adequada (linguagem inadequada, propagandas enganosas sobre drogas lícitas, modelos que empregam adolescentes de apenas um extrato social etc.);

• ansiedade e necessidade de explorar, transgredir padrões e normas, busca incessante pelo novo e pelas novidades, os riscos como desafios;

• a escola não absorvendo a universalidade das transformações, empobrecendo os conteúdos e as metodologias – não abrindo espaços para um saber criativo, mais estimulante do ponto de vista individual e coletivo;

• o apego dos adolescentes pelo presente: "tudo é agora";

• o sonho de ter o mundo nas mãos;

• o desenvolvimento emocional e a dimensão dos desejos e condições reais;

• dificuldade de fazer escolhas;

• carência e baixa qualidade de serviços de saúde;

• pais, educadores e outros profissionais despreparados para lidar com assuntos ligados a sexualidade e drogas;

• adolescente passível de pressões grupais (necessidade do fortalecimento em diferentes tribos, gangues ou grupos musicais, religiosos, esportivos etc.);

• desagregação familiar: falta de referência, baixa estimulação intelectual e afetiva, favorecimento da baixa auto-estima e exposição à violência;

• a falta de vínculos sociais organizados (associações, grêmios, outros grupos etc.);

• o sentido restrito e limitado do que é ser cidadão;

• público visado como consumidor e como mão-de-obra da indústria da droga.

Princípios gerais

No cotidiano das escolas, a ocorrência de casos de alunos que usam indevidamente drogas lícitas e ilícitas está presente em toda a rede pública e particular. É necessário que a escola tenha critérios e diretrizes gerais, e toda equipe escolar esteja preparada para enfrentar essa situação.

A equipe da direção deve verificar quais os procedimentos adequados à realidade da sua escola e orientar todos os segmentos a respeito dos métodos a serem empregados.

Em relação ao Projeto "Prevenção Também se Ensina", as diretrizes gerais definem alguns pontos que consideramos fundamentais:

a) o papel e a autoridade do diretor de escola – é preciso ter claro que os limites, as regras e as normas são necessárias na condução do projeto pedagógico da escola e num projeto de prevenção. Alunos, professores e pais devem ser ouvidos na fase de elaboração dessas regras e normas para defender e apoiar o que foi criado pelos diferentes segmentos. Cabe ao diretor a difícil tarefa de saber tudo o que acontece na escola; e lembrando que a atual lei de entorpecentes define que ele é também responsável por tudo o que acontece com o aluno nas imediações da escola;

b) antes da implantação de um projeto de prevenção de drogas, a direção deve proporcionar um amplo debate e assumir a tarefa junto com a comunidade para detectar as possibilidades e dificuldades do bairro/ região em que a escola está inserida;

c) situações de uso de drogas – boatos, desconfianças etc. O diretor deve conversar com o aluno ou indicar o coordenador pedagógico, orientador educacional, ou outro funcionário para averiguar o que realmente está acontecendo (é necessário que seja uma pessoa de extrema confiança da direção para certificar os fatos e não usar "alunos-espiões", tidos, às vezes, como alunos exemplares para "dedurar" os colegas);

d) a importância do sigilo — toda vez que um educador (entende-se que todos podem ser educadores — nesse caso, do porteiro ao diretor) deparar com um aluno que esteja usando ou que tenha utilizado alguma droga, ele deve guardar sigilo e manter a máxima discrição possível, procurando comunicar o fato ao diretor imediatamente, para que, juntos, possam encaminhar a questão da melhor forma possível. O sigilo, além de ser uma questão de respeito para com o outro, nesses casos é uma medida de proteção, tanto para o aluno envolvido como para o educador que possa tê-lo flagrado, bem como para o diretor;

e) o desafio do diálogo aluno/educador – algumas recomendações:
- o educador deve ter um vínculo com o aluno e se sentir preparado para esse diálogo;
- saber ouvir atentamente o outro;
- não partir para posturas acusatórias ou preconceituosas;
- deve ser feito em local adequado;

- procurar não despertar a curiosidade dos outros alunos;
- em caso de se tratar de um grupo, conversar separadamente, um a um, para evitar alianças, acusações ou transferência de responsabilidades.

f) resultado do diálogo: deixar explicitado o tipo de acordo estabelecido entre a escola e o aluno e que seja cumprido rigorosamente para que os educadores e a escola não caiam em descrédito. Em caso de reincidência, notificar a família ou os responsáveis;

g) toda conversa deve ser buscar sempre o resgate da função da escola, a importância da aprendizagem e da cidadania, os valores e os direitos, e que essa conversa sirva para ele se refazer e repensar sua vida;

h) deve se evitar a entrada de policiais na escola ou na sala de aula para "ronda" ou "medida repressora". Em situações de comercialização/tráfico, recomenda-se que a escola entre em contato com os órgãos competentes de forma sigilosa.

Instruções de informações e de tratamento de usuários de drogas

CONEN – Conselho Estadual de Entorpecentes de São Paulo

COMEM – Conselho Municipal de Entorpecentes de São Paulo

DENARC – Departamento de Prevenção do Departamento de Narcótico do DEIC

CEBRID – Centro Brasileiro de Informações sobre Drogas Psicotrópicas

PROAD – Programa de Orientação e Assistência ao Dependente/ Escola Paulista de Medicina

PROSAM – Associação Pró-Saúde Mental

GREA – Grupo Interdisciplinar de Estudos de Alcoolismo e Farmacodependência/ Hospital das Clínicas

CEATROX – Centro de Assistência Toxicológica

CCI – Centro de Controle de Intoxicação

Hospital Geral de Taipas

Conclusões

Os projetos de educação preventiva devem estar centrados na concepção de que a escola é um local privilegiado para o desenvolvimento de valores, atitudes e comportamentos adequados a uma vida individual e coletiva saudável:

• o processo educacional deve estar alicerçado numa concepção de educação que promova a reflexão e a autonomia do indivíduo.

A escola deve implantar ações que promovam o desenvolvimento humano: *prevenção primordial e primária*:

• promover o desenvolvimento humano significa: aumentar o respeito por si e pelos outros; ampliar a autonomia; preparar para a vivência democrática e para a cidadania; aumentar os níveis de tolerância às diversidades; estabelecer relações interpessoais solidárias.

As ações preventivas às DST/AIDS e ao abuso de drogas devem ter como eixo norteador a noção de *vulnerabilidade* individual, institucional e social. Todas as ações desenvolvidas nas unidades escolares devem estar inseridas no *contexto* histórico, político, econômico e sociocultural de cada região:

• as ações preventivas serão adequadas às condições e ao momento de cada escola.

As ações preventivas devem ser incorporadas ao Projeto Pedagógico das escolas, como forma de garantir a *continuidade*. Devem ser realizadas por professores das mais diversas disciplinas, devidamente familiarizados e capacitados:

• a educação preventiva será desenvolvida de forma contínua e processual (ação-reflexão-ação);

• o Plano Escolar é um instrumento de articulação das diferentes ações preventivas previstas pela escola;

• o currículo da escola é um instrumento articulador da produção de conhecimento sobre prevenção nas diferentes disciplinas;

• a escola e seus agentes devem tornar-se cada vez mais autônomos no gerenciamento de seus projetos de prevenção.

A escola deve buscar a participação de todos os segmentos da *comunidade* escolar, envolvendo pais e famílias, bem como a integração com outras entidades:

• tornar as Delegacias de Ensino e as escolas pólos irradiadores de prevenção;

• estabelecer parcerias baseadas nos princípios do projeto;

• tornar os projetos de prevenção frutos de intencionalidade comum e de construção coletiva da comunidade escolar e de seus parceiros;

• articular a comunidade para o apoio político aos projetos de prevenção.

A continuidade das ações deve ser garantida por infra-estrutura institucional, pois as intervenções voltadas para a melhoria da qualidade de vida só surtem efeitos a médio e longo prazo:

• garantir apoio institucional para o projeto;

• a autonomia, a criatividade e a troca de experiências devem orientar a busca de estratégias e de recursos para a continuidade dos projetos de prevenção.

A prevenção ao uso de drogas é muito complexa e depende de muitos fatores, principalmente num país como o Brasil, repleto de contradições e das mais diferentes diversidades culturais. Um programa sistemático e eficiente depende de uma política global de prevenção e de um controle maior da ação dos traficantes e da propaganda veiculada pelos meios de comunicação. A escola e a família têm uma responsabilidade e um papel importantíssimos na formação das nossas crianças e jovens, mas é importante lembrar que sem alguns controles sociais das drogas lícitas e ilícitas, a escola não vai conseguir resolver sozinha todas essas questões.

Material impresso oferecido às escolas

ANGELO, I. (1998) *Pode me beijar se quiser*. 2ª ed. São Paulo: Ática.

AQUINO, J. G. (org.) (1997) *Sexualidade na escola: alternativas teóricas e práticas*. São Paulo: Summus.

ARATANGY, L. R. (1998) *Desafios da convivência: pais e filhos*. São Paulo: Gente.

_____. (1995) *Sexualidade: a difícil arte do encontro*. São Paulo: Ática.

BUCHER, R. (1996) *Drogas: o que é preciso saber para prevenir*. 5ª ed. São Paulo: FDE.

_____. (1996) *Prevenindo contra as drogas e dst/aids*. 2ª ed. São Paulo: FDE.

CARLINI-COTRIM, B. (1998) *Drogas: mitos e verdades*. 2ª ed. São Paulo: Ática.

CARLINI-COTRIM, B.; PINSKY, I. (1989) Prevenção ao abuso de drogas na escola: uma revisão da literatura internacional recente. *Cadernos de Pesquisa*, n.69, pp.48-52.

CUSHNIR, L. *et al.* (1994) *Amor e sexualidade*. 3ª ed. São Paulo: Gente.

DONATO, A. F. (1996) Algumas considerações sobre as atuais tendências pedagógicas. São Paulo. (mimeo.)

KALCKMANN, S. (1996) *Mulher e AIDS: sexo e prazer sem medo*. 2ª ed. São Paulo: NISM.

LARANJEIRA, A. R.; JUNGERMAN, F.; DUNN, J. (1997) *Drogas: maconha, cocaína e crack*. São Paulo: Contexto.

MYLTAINHO. (1997) *Se liga! O livro das drogas*. 2ª ed. Rio de Janeiro: Record.

PELEGRINI, D. (1998) *Meninos e meninas*. 4ª ed. São Paulo: Ática.

PERES, C. A. (coord.). (1996) *Fala garota! Fala garoto!* São Paulo: SES.

SAYÃO, R. (1997) *Sexo é Sexo*. São Paulo: Companhia das Letras.

TIBA, I. (1994) *Adolescência: o despertar do sexo*. São Paulo: Gente.

TOZZI D., SANTOS, N. L. (coords.). (1996) *Papel da educação na ação preventiva ao abuso de drogas e às dst/aids*. (Série Idéias, 29). São Paulo: FDE.

Vídeos enviados às escolas

É ou não é?! São Paulo: ECOS, 1993.

Mancha de Batom. São Paulo: SES, Programa de DST/AIDS, 1994/95.

Vulnerabilidaids/Vulneradolescente. São Paulo: FMUSP, Departamento de Medicina Preventiva, 1997.

Diário de um adolescente. Island Pictures/Polygram, 1995. (Direção: Scott Kalvert)

As drogas e o aluno adolescente:

Leila Maria Ferreira Salles*

Hoje há vários produtos voltados ao público adolescente como música e moda, bem como um aumento do noticiário sobre o comportamento jovem que abrange aspectos como estilo de vida, esporte e lazer. Os meios de comunicação e a publicidade enfatizam esse ciclo de vida afirmando que ser adolescente é ter novos desejos e novos interesses, inclusive de consumo. Mas nem sempre foi assim, a adolescência nem sempre foi reconhecida como um ciclo de vida próprio do desenvolvimento humano.

As idades da vida não são determinadas apenas por fenômenos biológicos e/ou psíquicos dos indivíduos, mas também por determinações históricas e sociais. A adolescência é caracterizada por um emaranhado de fatores de ordem individual, histórica e social; individual, por estar associado à maturidade sexual, e histórica e social porque são específicas da cultura em que o adolescente está inserido. Como diz Ariés (1986), a especificidade da adolescência foi reconhecida e emerge com a escolarização que supõe a separação entre seres adultos e seres em formação, com a família burguesa que separa o espaço familiar do exterior e com a progressiva exclusão da criança do mundo do trabalho. O conceito de adolescência e adolescente é uma invenção própria da sociedade industrial ligado à sociedade, às leis trabalhistas e ao sistema educacional que tornam o jovem dependente dos pais.

---

* Psicóloga pela USP/RP. Mestre em Educação pela UFSCAR e doutora em Psicologia da Educação pela PUC/SP. É professora do Depto. de Educação da UNESP/RC e autora de *Adolescência, escola e cotidiano: contradições entre o genérico e o particular* (Ed. UNIMEP, 1998).

Os dados apresentados neste estudo foram coletados com a colaboração da aluna Ana Beatriz Galleti Irikura, aluna do curso de Pedagogia UNESP/RC.

A adolescência é entendida como um estágio intermediário entre a infância e a idade adulta — uma fase de preparação para ser adulto na qual as responsabilidades são menores. O que a define é a transitoriedade, a ambigüidade entre ser criança e ser adulto, e o fato de se configurar como um período de experimentação de valores, papéis sociais e identidades.

Trata-se da época em que o jovem se liberta da família, da socialização primária que ocorre no grupo familiar, para atingir a independência pessoal. A passagem do mundo da criança para o do adulto faz com que busque estabelecer relações com outros da mesma idade, para construir novas identificações e estabelecer novos vínculos. O grupo de amigos facilita a separação da família, ajudando a transição entre o mundo infantil e o adulto, e contribuindo para o questionamento dos valores dos pais.

O tempo de preparação e a socialização entre os pares geram o contato com pontos de vista diferentes, possibilitando ao adolescente questionar regras de conduta e ação familiar, reavaliar e repensar as regras aprendidas. O adolescente, então, ao conviver com outros grupos e buscar uma definição própria de valores políticos, ideológicos e sociais, tende a rever aquilo que foi interiorizado como bom ou mau, certo ou errado, durante a infância. Aceita-se, geralmente, que o adolescente questione, se rebele contra valores e normas vigentes porque, depois, se adapta à sociedade, de tal forma que o sistema se autopreserva.

Desde Parsons (1968), que estudou como a cultura é internalizada sob a forma de papéis sociais, a função básica da família é a da socialização. Pelo processo de socialização a criança interioriza as normas sociais, o que assegura a transmissão da cultura e garante a continuidade da sociedade levando os indivíduos a se comportar de acordo com seus postulados e mesmo a ter sentimentos de culpa quando não conseguem agir de acordo com o que foi prescrito. Em oposição, está aí implícita a idéia de desvio em relação a um padrão normativo, de uma má integração, de resistência à ação socializadora. Isto é, da possibilidade da descontinuidade social ou porque os indivíduos se desviam do caminho da integração ou porque buscam transformar a ordem social e a herança cultural. E geralmente, o adolescente é visto sob a óptica de contestador das normas socais e associado à idéia de desvio.

Segundo Abramo (1994, 1997), na década de 1950 os jovens eram vistos como rebeldes sem causa. A rebeldia é explicada como problema da adolescência e da cultura juvenil que é antagônica à sociedade adulta, mas percebe-se que a maioria acaba se integrando de forma sadia e normal à sociedade. Na década de 1960 e parte da de 70, os jovens aparecem como ameaçadores à ordem social pelos movimentos estudantis, *hippie*, pacifista e de contracultura. As idéias de mudança social, a irreverência às instituições, a rebeldia, o idealismo, a inovação, a permissividade, a diversão e a liberdade são vistos como características de um ciclo de vida. A juventude da década de 1980 é tida como individualista, consumista, conservadora e apolítica. Já na década de 1990, a juventude caracteriza-se pela consciência ecológica, pela nova relação homem-mulher, pela liberalização dos costumes, pela afirmação da diversidade, pelos movimentos feministas, homossexuais, de minorias e pela importância da questões cotidianas no espaço político.

Os estudos feitos nas décadas de 1980 e 90 mostram que o adolescente compartilha dos valores sociais, aceitando muitas vezes, sem questionar, as normas e as regras sociais, almejando *status* social, situação financeira estável e constituir família pelo casamento.

Porém, hoje, como antes, o adolescente continua a ser associado, na maioria das vezes, a situações de contestação, de desvio social, como uso de drogas, violência, delinqüência. A associação adolescência e contestação das normas sociais parece persistir, como já apontamos num estudo anteriormente realizado acerca das representações sociais do adolescente e da adolescência no âmbito escolar (Salles, 1998). A óptica social pela qual se vê e se compreende o adolescente é a de que este é transgressor, rebelde e contestador de normas. A rebeldia e o conflito familiar são vistos como generalizados. Toma-se como referência o jovem descontraído, liberado, amoral e drogado.[1] Também na mídia, o adolescente muitas vezes aparece associado a problemas sociais como violência, crime, doenças sexualmente transmissíveis, gravidez precoce, exploração social, consumo ou tráfico de drogas.

Buzzi (1997), ao estudar a orientação ética de jovens italianos de quinze a 29 anos de idade, procurou ver se eles consideram certos comportamentos, dentre os quais o consumo de drogas, como socialmente criticável, se o consideram pessoalmente admissível e se o colocariam em prática. Isto é, procurou compreender os limites para o desvio. Os jovens foram classificados em quatro grupos: os integrados (36,6% da amostra), que apresentam um baixo índice de propensão aos desvios; os oportunistas (17,8%), que aceitam transgredir nos direitos civis quando

---

1 Masserman, J. H. (1971), Anthony, J. (1969), Foracchi, M. (1972) Knobel, M. (1971), Abramo, H. W. (1994), Salles, L. M. F. (1998).

o direito coletivo interfere no individual; os permissivos (37,6%), que são liberais nos comportamentos sexuais, com exceção do homossexualismo, e admitem embriagar-se e fazer uso de drogas leves; e os desviantes (8,0%), que são propensos à transgressão. Nos dois primeiros grupos prevalecem as mulheres.

O uso de drogas, segundo o autor, é percebido pelo jovem como uma opção criticada pelas normas sociais, embora, pessoalmente, nas normas individuais, se considerem mais tolerantes do que a sociedade em que vivem, o que mostra um certo distanciamento deles em relação ao que é considerado legítimo pelo mundo adulto. Para Buzzi, há uma grande tolerância a drogas leves mesmo que percebam que a sociedade as recrimine, assim como uma aceitação menor do consumo de drogas pesadas. Isto é, os jovens, principalmente os homens, não excluem a possibilidade de experimentar drogas leves e com menor intensidade as pesadas, embora o autor ressalte que se trata de uma intenção e não do ato. Os jovens, em geral, conhecem pessoas que usam drogas e vários (23,1% da amostra) receberam propostas para experimentar uma delas, embora o contato com drogas pesadas seja menos freqüente. O contato é maior entre os homens e atinge o nível máximo na idade de 21 a 24 anos. O autor conclui que a proximidade com as drogas é um fenômeno aberto a qualquer jovem, e que o uso ocasional de drogas não é mais marginal, tornando-se uma experiência normal.

Carlini-Cotrim (1992), ao discutir o abuso de drogas na população adolescente, cita pesquisas que afirmam que nesta população o uso de drogas está associado à cultura grupal, à rebeldia aos valores dominantes, à inconformidade social, à não participação em atividades religiosas, ao convívio com amigos de comportamento desviante, ao cotidiano pouco planejado e à alimentação desregrada. Embora esta relação não seja de causa e efeito, acaba, na prática e nos discursos oficiais, se transformando em causa e legitimando o controle sobre a população jovem.

Conforme Bernard e López (1994) não se conhecem as causas da drogadependência, ou seja, porque umas pessoas experimentam e outras não, porque algumas delas continuam a usar e outras param, porque algumas chegam à dependência e outras não. Para os autores, o que se sabe é que o consumo de drogas é um fenômeno multifatorial, biopsicossocial, que elas se propagam por grupos de amigos (já que nunca um estranho inicia o outro), e está relacionado à predisposição hereditária, às relações interpessoais, sociais e familiares e à disponibilidade das drogas. Segundo Santos (1997), favorecem o desenvolvimento da toxicomania o tipo de droga, a disponibilidade, a busca do prazer, da emoção, da alegria, da satisfação plena, a fuga da realidade, a necessidade de ser aceito pelo grupo de referência, de contestar a família e a sociedade, a onipotência juvenil, a baixa auto-estima, os hábitos familiares como o uso abusivo de medicamentos, fumo e/ou álcool, a perda de vínculos familiares, as mudanças constantes de residências com perda de vínculos de vizinhança, a violência urbana, a repetência ou o insucesso escolar. A OMS, em 1991, estabeleceu como fatores de risco: o desconhecimento do efeito das drogas, saúde deficiente, personalidade frágil e facilidade na obtenção da droga.

Entretanto, o consumo de drogas faz parte da realidade social, isto é, seu uso é tão antigo quanto a humanidade. As civilizações sempre usaram drogas, o que está ligado ao desejo do ser humano de modificar o seu nível de consciência e o seu estado de ânimo, de ter acesso a algum tipo de conhecimento, de estimular ou evitar o sofrimento. Contudo, as culturas tinham formas de limitar o uso dessas substâncias por meio de um uso estritamente religioso, em cerimoniais ou em rituais. A sociedade controlava, pois, o consumo e, dessa forma, o uso não se enquadra nos critérios atuais de abuso e dependência.

O abuso de drogas é um *continuum* caracterizado por um uso cada vez maior, sem que haja um ponto claro que delimite quando o uso se converte em abuso ou o abuso em dependência. Nem todo uso leva à dependência. O uso de drogas pode ser freqüente, esporádico e/ou circunstancial. As drogas podem ser legais, aceitas social e culturalmente, e que são as mais consumidas tanto por jovens quanto por adultos, como os calmantes, os moderadores de apetite, o tabaco, o álcool, os solventes (éter, gasolina, cola de sapateiro, acetona), ou ilegais, cujo uso é sempre considerado uma transgressão, como a maconha, a cocaína e a heroína.

Segundo Carlini-Cotrim (1992), a sociedade alterna ciclos de relativa tolerância ao consumo de drogas com ciclos de intolerância. Estes ciclos, de acordo com o enfoque epidemiológico, são conseqüência da reação da população ao aumento do consumo de drogas, pois quando o consumo é tolerado há um aumento de mortes e acidentes. No enfoque psicossocial, a intolerância é explicada pelo consumo e pelo significado simbólico atribuído ao uso de drogas. Por exemplo, na época da lei seca, nos EUA, o álcool explicava tudo o que não ia bem na sociedade americana, como pobreza, crime, violência, desestruturação familiar, crianças abandonadas, insucesso pessoal; além disso, os sindicatos, nessa época, se reuniam nos bares. O fim do século XIX e as décadas de 1980 e 90 são caracterizados como períodos de intolerância da sociedade civil e do Estado diante do consumo de drogas. As décadas de 1960 e 70 são caracterizadas por uma certa condescendência ao uso; fala-se em descriminalizar o uso de certas drogas. A droga é recreacional e/ou aumenta a percepção.

A idéia que permeia as reportagens na grande imprensa na década de 1980 é que quem experimenta uma droga vira toxicômano, e o álcool é visto como porta de entrada para outras drogas. Segundo Carlini-Cotrim (ibid.), o tom das reportagens é emocional, moralista, alarmista, o que contribui para disseminar o pânico e para legitimar e intensificar as medidas de controle. Enfatiza-se as conseqüências sociais do uso de drogas, a degradação moral como prostituição, delinqüência, abandono da família, as ameaças à escola e à família. O estudante é retratado como um ser frágil, ingênuo e manipulável, culpando-se os traficantes que invadem as escolas disfarçados de estudantes, a família desestruturada, a mulher mais velha que seduz rapazes, o professor homossexual, o vendedor de amendoim. O consumo é visto como uma epidemia sem controle.

Os padrões de consumo de drogas no Brasil, entre estudantes, são semelhantes aos de outros países. As drogas mais consumidas são álcool, tabaco, inalantes, estimulantes/anfetaminas, tranqüilizantes/ansiolíticos, maconha. A partir de 1980, os dados revelam um consumo de drogas estável e discreto, sendo poucos os estudantes que usam drogas ilícitas. A mulher usa drogas com menor incidência, e, quando o faz, em geral usa tranqüilizantes e anfetaminas, i. e., medicamentos que a resguardam dos preconceitos, já que são consideradas mais ansiosas e nervosas do que os homens, e usualmente bebem álcool em casa ou em festas. Os homens usam mais tabaco, maconha e álcool, e neles o beber tem caráter mais público (Carlini-Cotrim; Rosemberg, 1990).

Pesquisa do Centro Brasileiro de Informações sobre Drogas Psicotrópicas (CEBRID) de 1997, com estudantes de escolas de 1º e 2º grau de dez capitais brasileiras, mostra que o uso de drogas ilícitas entre estudantes cresceu desde 1993, de 22,8% para 24,7%. As drogas mais consumidas são o álcool e os solventes. O álcool, considerando-se o uso pelo menos uma vez na vida, é a droga mais consumida em todas as faixas etárias, começando entre os dez e os doze anos. Em geral, o primeiro contato dos estudantes com o álcool foi na própria casa, e, depois de beber, 20% deles faltaram às aulas. O consumo de drogas, com exceção de álcool e tabaco, é menor nas faixas etárias mais baixas e aumenta entre os alunos mais velhos, chegando a 34,5% entre os maiores de dezoito anos. A maconha ocupa a segunda posição entre as drogas mais consumidas, tendo sido experimentada por 7,6% dos estudantes, e a cocaína o quinto lugar, experimentada por 2% dos alunos. O consumo de maconha entre os estudantes aumenta nos três tipos de contato com a droga: uso uma vez na vida, uso freqüente (até seis vezes por mês) e uso pesado (mais de vinte vezes por mês). No entanto, a explicação para o aumento do consumo de drogas verificado entre as pesquisas realizadas em 1993 e 1997 pode ser decorrente de um aumento real no consumo ou da diminuição da censura, uma vez que há um menor preconceito social de tal forma que a admissão do uso é mais freqüente. Mesmo que os dados revelem o aumento do consumo e um contato fácil com as drogas, a grande maioria dos estudantes nunca as usou (*Folha de S. Paulo*, dezembro, 1997).

A escola e a prevenção ao uso de drogas

Nas unidades escolares cabe ao orientador educacional, entre outras atribuições, trabalhar com a prevenção ao uso de drogas.

As propostas preventivas estão divididas em duas abordagens básicas: uma direta, na qual as ações estão centradas fundamentalmente nas próprias drogas, e outra indireta que é centrada em múltiplos fatores. Ou seja, a da guerra às drogas e a da redução dos riscos associados às drogas, que busca oferecer alternativas ao uso (Carlini-Cotrim; Pinsky, 1989, Carlini-Cotrim 1992).

A corrente de guerra às drogas implica agir no sentido de que as pessoas nunca as usem, nunca as experimentem, e, de quem já as usa, pare. Não há espaço para o uso eventual, sem dependência ou recreativo. Nessa abordagem, são propostas ações diretivas e intervencionistas, enfatizando as drogas ilícitas e com grande tolerância às drogas legais. É proposto, por exemplo, mostrar apenas as conseqüências negativas do uso visando amedrontar, treinar estudantes para que resistam às pressões de se envolver com as drogas, orientar os pais para restabelecer ou reforçar o controle sobre os seus filhos ou para saber quando os filhos usam drogas. Segundo Fernandez (1994), os partidários de uma visão coercitiva não confiam no senso de responsabilidade do usuário e, assim, não têm maiores preocupações com os aspectos educativos dos programas.

Há uma noção de jovem como incapaz de ter discernimento sobre suas ações. O pressuposto é que o consumo de drogas, a delinqüência e a gravidez precoce aumentam pela diminuição do controle do adulto sobre o comportamento dos jovens que só buscam o prazer e, assim, são privilegiadas ações de controle social e punição (Carlini-Cotrim 1992).

A postura de guerra às drogas foi criticada por ser irrealista, pois nega as evidências históricas de que sempre se usou droga, além de ferir princípios éticos e direitos civis ao impor regras de conduta a outras pessoas, p. ex., ao negar a possibilidade de as pessoas disporem de seu corpo e mente livremente e de, se quiserem, alterar seu estado de consciência.

A postura preventiva de oferecimento de alternativas tem como objetivo reduzir os riscos, pois entende-se que a abstenção total não é a única opção, propondo, p. ex., o uso moderado de álcool, não partilhar seringas, cigarros *light*. Aqui há uma preocupação tanto com as drogas legais, como o álcool e o tabaco, quanto com as ilegais. Procura-se formar educacionalmente as pessoas para que não usem drogas. O uso de drogas é visto como uma forma de escapar dos problemas sociais e pessoais, como pressões, frustrações, mercado de trabalho etc. É proposta, então, a intervenção nas condições sociais que facilitam o hábito do uso, organizando grupos culturais e esportivos, grupos de jovens para discutir seus problemas, promovendo programas de instrução profissional. Procura-se dar informações científicas e imparciais sobre as drogas para que os jovens possam tomar suas próprias decisões; melhorar a autoestima e o autoconhecimento, lidar com a ansiedade, melhorar a relação com os colegas e resistir às pressões do grupo. Propõe-se propiciar sensações de expansão da mente e crescimento pessoal, excitação, desafio e alívio do tédio por outros meios que não a droga, como esportes desafiadores e atividades artísticas; promover estilos de vida ligados à boa saúde, alimentação adequada e vida sexual segura. Procura-se intervir precocemente, implantando um conteúdo curricular mais próximo da realidade do aluno, desde a pré-escola e o ensino fundamental, melhorando a relação professor-aluno, propiciando situações para que os alunos coloquem suas dúvidas e anseios, incentivando atividades de cooperação e solidariedade entre eles e envolvimento dos pais em atividades curriculares ou extracurriculares (Carlini-Cotrim; Pinsky, 1989, Carlini-Cotrim, 1992).

Carlini-Cotrim (1992) cita a avaliação de Klitzner sobre os modelos de prevenção ao uso de drogas na escola, que afirma que os resultados são modestos e efêmeros. Amedrontar pode fazer com que os jovens se sintam atraídos pelo perigo, ou então, não ter credibilidade ao mostrar só o usuário crônico enquanto eles vêem experiências diferentes ao seu redor, podendo assim estimular o consumo. O conhecimento científico isolado é ineficiente, podendo, inclusive, levar ao aumento do consumo por diminuir o medo e a tensão, embora deva ser usado como estratégia auxiliar. Melhores resultados preventivos são encontrados quando se intervém nas condições de ensino com ações precoces e duradouras. Segundo Carlini-Cotrim e Rosemberg (1990), a informação sobre drogas, embora importante, é de pouco alcance quando não se modificam as condições concretas de vida dos alunos, como falta de opção de lazer ou de perspectiva profissional. Os programas devem abranger mais do que informações.

As escolas, de modo geral, realizam atividades esporádicas de prevenção ao uso dirigidas aos alunos e promovidas por instituições não-educacionais, médicas, religiosas e filantrópicas, e/ou abordando o tema na sala de aula. No entanto, de acordo com a literatura da área, a intervenção de médicos, ex-drogados, religiosos e educadores sem vínculos com a instituição não é eficaz, devendo a prevenção ficar a cargo do professor, na sala de aula, e incorporada de forma natural aos currículos.

As práticas escolares, de acordo com Carlini-Cotrim (1992), caracterizam-se pelo amadorismo. Os conteúdos dos livros didáticos consideram como patológico qualquer padrão de consumo, tratando as drogas de forma genérica, sem especificação do tipo, da dose e padrão de uso, procurando amedrontar ao mostrar apenas as conseqüências negativas. Em nenhum momento se fala da droga como capaz de dar prazer, por propiciar sensações boas ou por aliviar sensações ruins. Quando um aluno é flagrado no vício, é advertido, sua família é chamada e, às vezes, ele é expulso, embora professores e diretores pareçam entender que o aluno drogado pouco permanece na escola, abandonando os estudos (Salles, 1998).

Segundo Fernandez (1994), a decisão de consumir drogas depende das resoluções dos indivíduos perante os limites impostos pela sociedade e os controles informais desenvolvidos pelo sujeito e seu grupo de referência, que condicionam a prática e o padrão de uso. Santos (1997) entende que a prevenção ao uso de drogas deve começar com a identificação do público-alvo, suas necessidades, valores, incidência e prevalência de drogas. Bernard e López (1994) afirmam que, para prevenir, é necessário saber por que as pessoas usam drogas, as expectativas sociais e individuais acerca de seus efeitos, conhecer a cultura da droga, a heterogeneidade dos usuários, o contexto sociocultural e as freqüências de consumo.

O uso de drogas e a prevenção ao uso não podem ser reduzidos a medidas simples, pois são multideterminados, implicando interesses econômicos, no sentido simbólico e cultural que a droga adquire numa determinada sociedade e nas motivações dos usuários. Buscamos aqui identificar as percepções de alunos adolescentes sobre as drogas e o usuário, além das expectativas sobre o uso. É conhecendo melhor a relação aluno adolescente e drogas que o orientador educacional pode contribuir para a implementação de atividades escolares preventivas. Nesse sentido, realizamos um estudo com alunos adolescentes de três escolas públicas da cidade de Rio Claro, interior do estado de São Paulo, procurando entender, pelos seus depoimentos, as suas concepções a respeito das drogas e do usuário e da sua tolerância quanto ao uso.[2]

As drogas e o usuário segundo os adolescentes

A análise dos depoimentos indica que os estudantes, tanto do sexo masculino como do feminino, matriculados nos períodos diurno e noturno, da 8ª série do 1º grau e da 1ª série do 2º grau, trabalhadores ou não, evidenciam, de modo geral, um juízo de valor severo em relação ao uso de drogas, exemplificado por estas falas: *"não presta, traz a morte"*; *"refúgio dos covardes"*; *"coisa ruim que acaba com o jovem de hoje, um horror"*; *"escolha que leva à autodestruição e destruição de quem o rodeia"*.

Mesmo os adolescentes, oito entrevistados, que disseram que pelo menos uma vez na vida experimentaram alguma droga ilícita, censuraram o uso de drogas: *"é tóxico que destrói a vida de quem consome, principalmente crack, cocaína, heroína, pois os viciados dificilmente conseguem parar, indo até a morte"*; *"é para quem não tem a cabeça em ordem"*.

Apenas dois alunos afirmaram que *"é química que pode alterar o seu organismo estimulando ou desestimulando"*; *"tudo que intoxica"*, isentando-se de emitir um juízo de valor.

Os adolescentes, ao falarem sobre o usuário de drogas, também revelam uma crítica ao uso dizendo: *"não têm nada na cabeça"*; *"são pessoas fracas que não têm meta a cumprir"*; *"são pessoas que se deixam levar pela pressão dos que dizem ser seus amigos"*; *"é uma pessoa que não respeita a si próprio"*.

---

2. Foram coletados depoimentos escritos de 37 alunos de três escolas públicas do município de Rio Claro, São Paulo, embora apenas 36 tenham sido considerados para análise. Dos entrevistados, vinte são alunos da 8ª série e dezesseis, da 1ª série do 2º grau. Vinte deles freqüentam o período diurno e dezesseis o noturno; dezoito são do sexo feminino e dezoito do sexo masculino; suas idades variam de treze a dezoito anos. Entre os alunos do sexo masculino, seis trabalham, exercendo principalmente a função de *office-boy*. Entre as alunas, oito trabalham, como balconistas, *office-boy*, operária, secretária e empregada doméstica. Os depoimentos foram coletados com alunos que, após serem sorteados, concordaram em participar do estudo.

Podemos supor que contribuem para influenciar a óptica pela qual o usuário de drogas é julgado as imagens veiculadas pela mídia, que são respaldadas em comportamentos reais conhecidos pela experiência direta ou pelas conversas interpessoais.

O desvio dos padrões socialmente aceitos, a marginalidade, ser pessoa "perigosa", que "não sabe o que faz", são características da imagem associada aos drogados. Os adolescentes afirmam que a imagem que os outros têm a respeito do usuário de drogas é que são: *"pessoas perdidas no mundo"*; *"vagabundos e marginais"*; *"pessoas que querem se matar"*; *"pessoas perigosas que não sabem o que fazem"*. Parecem acreditar que eles próprios são mais tolerantes: *"tem que entender que é vício"*; *"pensam que é marginal mas nem sempre é"*; *"são pessoas que devem ser ajudadas"*; *"quem critica acha que nunca vai acontecer com ele, existe muita discriminação, não fazem nada para ajudar"*.

Também os estudantes que já experimentaram droga ilícita parecem pensar que são mais tolerantes em contraste com a imagem que acreditam que os outros, em geral, têm sobre o usuário, quando dizem, p. ex., que: *"muitos são ladrões e isso faz com que as pessoas pensem que todos são mas, às vezes, só têm vício mas fica mal falado"*; *"pensam que quem usa não presta, que são marginais, bandido, mas nem sempre quem usa é bandido, algumas pessoas honestas, usam mais para divertimento"*.

A relação entre droga e marginalidade é, assim, questionada quando dizem que são mais tolerantes, e que é necessário entender o drogado como uma pessoa com problemas, ou que a droga tem também um aspecto de recreação.

Para eles, o uso de drogas é *"porque quer"*; *"depende da cabeça de cada um"*; *"é natural porque é adolescente"*. Procuram justificar o uso por problemas pessoais, pelas dificuldades da situação em que o usuário vive, pela busca do divertimento: *"a droga é uma forma de sustentação psicológica para pessoas que não se encaixam no seu mundo e têm problemas e não estão dispostas a encontrar solução mais adequada"*; *"alguns é por divertimento e outros por problemas familiares"*; *"pessoas que usam drogas temporariamente se sentem felizes e fogem desta maneira da realidade em que vivem"*.

A associação entre o uso de drogas e a forma de se diferenciar dos colegas também está presente na fala dos adolescentes: *"usam para aparecer aos colegas"*; *"é um meio para quem não curte a vida ficar alegre ou quem já é de bem com a vida ficar mais alegre ou provar que é homem"*.

Falas no mesmo sentido, sobre os motivos de uso de drogas se verificam também entre os adolescentes que experimentaram drogas ilícitas: *"cada um faz o que quer com seu corpo, as conseqüências são dele"*; *"cada um tem sua escolha"*; *"por gostar"*; *"por divertimento e porque é proibido"*; *"é um modo de esquecer os problemas de casa e com os parentes"*; *"quem usa nem sempre quer se divertir ou acabar com a vida, alguns usam porque têm problemas com a família ou um problema que está prejudicando a sua vida, é para esquecer dos sofrimentos"*. Assim, para os usuários como para os demais entrevistados, o uso de drogas é uma decisão pessoal relacionada à busca do divertimento, ao alívio de sofrimentos e aos problemas pessoais. Contudo, parece que para estes adolescentes a ênfase é diferente. A associação entre o uso de drogas e o divertimento, a recreação, é mais freqüente.

Para os adolescentes o uso de drogas está, então, associado à vontade de experimentar, para se mostrar aos colegas, se divertir, aliviar os sofrimentos, fugir da realidade em que vivem, sentir-se melhor quando a relação familiar não está boa e/ou atingir os pais. E a resistência ao uso de drogas está em *"ter uma cabeça em ordem"* podem causar, e depende da vontade pessoal, responsabilidade, consciência dos efeitos que as drogas.

Vários entrevistados parecem acreditar que as medidas e campanhas preventivas ao uso de droga não surtem efeitos, não adiantando agir no sentido de prevenir o uso, como exemplificado por estas falas: *"cada um tem que fazer por si mesmo"*; *"é da cabeça de cada um"*; *"muda só se quer"*. Ou quando dizem que as campanhas antidrogas *"não adiantam muito, pelo contrário, os drogados dão risada e continuam usando da mesma forma"*.

Outros adolescentes já enfatizam a importância de campanhas preventivas que esclareçam os efeitos e as conseqüências do uso de drogas: *"ter uma maior divulgação do que as drogas causam"*; *"deveria aparecer mais conseqüências orientando principalmente os mais jovens que são os que usam com maior freqüência"*. Sugerem, ainda: *"um policiamento maior e melhor"*; *"montar casas de apoio ao drogado e prender os traficantes"*; *"levar todos os drogados para tratamento"*.

Entre os entrevistados que se declaram usuários de drogas ilícitas há aqueles que defendem as campanhas preventivas: *"é bom, pode levar as pessoas a parar de usar"*, e outros que as questionam: *"não adianta nada"*; *"é incentivo para a pessoa usar quando está deprimida"*; *"não funciona com quem usa e quem não usa porque a curiosidade é imensa"*. Muitos deles propõem medidas repressivas como: *"tem é que ter mais policiamento na cidade, escola e bairro"*; *"fazer vistoria nos banheiros da escola que é lá que começa"*; *"infiltrar a polícia no meio dos alunos e prender os traficantes"*.

As falas apontam, assim, que a prevenção ao uso de drogas depende da decisão pessoal, da responsabilidade, do conhecimento das conseqüências do uso e da repressão ao traficante.

Buscando compreender um pouco mais a concepção dos estudantes-adolescentes entrevistados sobre as drogas e o usuário, procuramos especificar as suas percepções em relação ao uso do álcool, que é consumido legalmente a partir dos dezoito anos de idade, da maconha, cujo consumo é ilegal mas que é considerada uma droga "leve", e de drogas consideradas "mais pesadas", como crack e cocaína.

Para os adolescentes que se embriagam constantemente, *"é para se divertir, ser feliz"*; *"na adolescência para se mostrar para as meninas"*. Ou então porque *"não dá valor à família"*; *"não tem o que fazer"*; *"coisa meio normal, só que devem botar a mão na consciência e parar para pensar nas pessoas que estão ao redor dela e não só nela mesmo"*. Explicam o uso do álcool dizendo que é decorrente de um problema, que é para enfrentar uma dificuldade, para esquecer, por ser revoltado com os pais ou os próprios pais são viciados, por divertimento, porque quer. Os alunos que se embriagaram uma vez na vida e aqueles que o fazem mais constantemente criticam o consumo e o explicam relacionando-o ao divertimento, à vontade, por causa de problemas e para esquecer.

Quanto ao uso de maconha, mais uma vez encontramos falas semelhantes às anteriores. Umas que revelam a censura: *"quer a morte"*; *"não tem o que fazer, não procura emprego"*; *"pessoas que pensam que tudo é aventura, mas termina como um pesadelo"*; *"não quer nada na vida, só viver zoando e sonhando"*, *"para se sentir poderosa deixando os outros com medo dela"*. Outras que indicam uma certa tolerância: *"é normal, 13, 14 anos já usa, fica alegre por um tempo, nada contra"*; *"refresca a cabeça, esquece os problemas e diverte-se"*, *"pessoas legais que dizem que é superlegal, fica alegre e divertido"*.

O uso de maconha é explicado como recreação, como forma de fugir da realidade ou de contestar valores paternos, e por uma decisão pessoal. Alguns alunos parecem pensar que o uso de maconha é facilitador para o uso de outras drogas.

Os estudantes que já experimentaram maconha pelo menos uma vez na vida e os usuários mais freqüentes indicam uma tolerância ao uso: *"é um vício normal"*; *"é legal porque fica consciente"*; *"quem usa é uma pessoa calma e alegre"*. Justificam o consumo dizendo que *"uns fumam para se acalmar, outros porque são viciados, e outros porque gostam"*; *"muitos cientistas dizem que é uma erva natural"*.

No entanto, as drogas como crack e cocaína são severamente condenadas por todos os entrevistados, que as associam à morte: *"querem se matar"*; *"devem ter muitos problemas"*; *"são pessoas que se autodestroem, não dão valor ao próprio corpo e à vida"*; *"é uma dependência química que acaba com a moral de quem usa"*; *"passam a roubar e assaltar e acabam com os próprios pais"*; *"são pessoas que não têm esperança e coragem de sonhar com o futuro"*. Também dois alunos que dizem que já usaram cocaína duas vezes na vida afirmam: *"devem procurar um lugar para se tratar porque quase sempre leva à morte"*; *"um absurdo o uso de crack, cocaína, heroína, essas pessoas estão se prejudicando"*.

Os depoimentos parecem, então, ter aspectos recorrentes em relação às drogas e ao usuário, revelando de um lado o juízo severo, a censura, a crítica, e de outro a droga como meio de buscar o prazer, se divertir, curtir a noite, aliviar os sofrimentos. As falas parecem, ainda, evidenciar, quando as drogas são discriminadas, uma certa tolerância ao uso recreativo de álcool e maconha e a condenação às drogas mais pesadas como crack e cocaína.

O contato e o uso de drogas pelos adolescentes entrevistados

Como foi dito, oito alunos entrevistados, sete do sexo masculino e um do sexo feminino, afirmam que usaram ou usam drogas ilícitas. Entre eles, dois alunos experimentaram maconha, uma vez, com a idade de quinze anos. Outros dois contam que às vezes fumam maconha e que a primeira vez foi aos catorze anos. Outro relata que já experimentou maconha e benzina e começou igualmente aos catorze. Todos eles, com exceção de um usuário de maconha, referem-se ao uso freqüente de bebidas alcoólicas. A experiência com a cocaína foi relatada por dois alunos. A cocaína foi experimentada por um deles com dezesseis anos e por outro com dezessete. Um deles costuma também consumir bebidas alcoólicas e maconha, e o outro relata o uso de maconha, até uma vez por semana, e de álcool. A única adolescente a referir-se ao uso de drogas ilícitas conta que experimentou maconha duas vezes, com catorze e quinze anos de idade, que cheira lança perfume, tendo começado aos doze anos, e cola de sapateiro, a partir dos treze anos, e toma bebidas alcoólicas.

Entre os não-usuários de drogas ilícitas, o álcool já foi consumido, pelo menos uma vez na vida, por três alunos do sexo masculino e cinco do sexo feminino. No total, nove adolescentes do sexo masculino e seis do sexo feminino declaram ter-se embriagado. Considerando-se as drogas ilícitas e o álcool, temos dezesseis adolescentes que fizeram uso de uma droga, sendo seis meninas e dez meninos. Nas meninas há uma predominância do uso do álcool, e nos meninos o álcool está, muitas vezes, associado às drogas ilícitas.

Os adolescentes, no geral, revelam que têm contato com pessoas que usam drogas ilícitas. A droga com a qual parecem ter maior contato é a maconha. Às vezes, em proporção bem menor, referem-se ao crack, à cocaína e aos inalantes. O convite para experimentar drogas ilícitas, por um amigo ou por um conhecido, é relatado por vários adolescentes aos quais foi oferecida maconha. Poucos contam que foram convidados para provar crack e cocaína, embora esse convite tenha sido feito para a maioria dos usuários de maconha. Isto pode indicar que o contato com drogas ilícitas faz parte das experiências de vida dos adolescentes.

Definem, em sua maioria, o usuário como seu amigo ou fazem referência a um conhecido. O contato com as drogas ilícitas, embora de forma menos freqüente, ocorre também por meio de parentes — primos, irmãos, pais, tios e/ou ex-namorado. Dizer que o usuário é alguém que faz parte de suas relações não implica necessariamente ter visto alguém usar droga, o que poderia indicar uma proximidade maior. Nesse sentido, com exceção dos oito alunos que declaram já ter utilizado drogas e de uma aluna que se refere aos pais como drogados, o contato com as drogas ilícitas parece ser distante: nunca viu alguém se drogar, já viu alguém usando na rua em São Paulo — Capital; vê quando se reúnem para fumar maconha na pracinha perto da sua casa.

A vontade, ou a curiosidade, de experimentar drogas ilícitas, excluindo-se aí os usuários, não parece fazer parte dos desejos da maioria dos entrevistados, sendo manifestado apenas por três adolescentes, uma aluna e dois alunos. Os estudantes não admitem a possibilidade de experimentar essas drogas afirmando: *"não quero morrer cedo"*; *"não tenho vontade e pode viciar"*; *"tenho a cabeça formada, não me deixo levar"*; *"não tenho vontade porque sei das conseqüências e não estou a fim de ser uma vítima"*; *"é para quem não dá valor à vida e à família"*; *"não vou usar porque vou casar, ter esposa e filhos, e não quero que vejam o pai drogado"*.

As falas evidenciam, então, os limites para o uso de drogas e parecem reafirmar, quando a referência é o pessoal, o eu, a condenação ao uso, já que foram poucos adolescentes, com exceção dos usuários, que admitiram essa possibilidade. No entanto, qual é o limite para o uso de drogas quando elas são especificadas, discriminadas?

Alguns estudantes não admitem a possibilidade do uso do álcool afirmando: *"eu não tenho vontade"*; *"tenho a cabeça formada"*; *"é burrada pois vi o sofrimento de meu pai"*; *"sei o que é certo ou errado"*; *"não gosto de bebida alcoólica"*. Outros, tanto do sexo masculino como do feminino, admitem que podem embriagar-se dizendo: *"pode ser que aconteça"*; *"não sei o dia de amanhã, os pais podem incentivar"*; *"não sei o dia de amanhã, pode ser que eu tenha um motivo"*; *"é coisa que acontece, mas deve ser só na alegria"*.

Às vezes, o consumo de álcool é relatado como "beber socialmente", como diz, p. ex., este adolescente: *"bebo socialmente entre amigos e parentes nos finais de semana"*. Cabe, porém, perguntarmos qual é o significado desta afirmação pois, como vimos, não são claros os limites que definem quando o uso ocasional se transforma em dependência.

Apenas uma adolescente, quando perguntada se usa drogas, genericamente menciona o uso de álcool, contando que começou a beber aos onze anos, que gosta de bebidas alcoólicas por se sentir *"alegre e radiante"*, e que uma vez bebeu motivada por brigas familiares. Isso pode indicar que, para os demais adolescentes, o álcool não é percebido como droga ou não é associado imediatamente à droga.

Considerando-se que a maioria dos entrevistados, de ambos os sexos, admite a possibilidade de se embriagar ou declara já ter-se embriagado, ou relata um uso mais freqüente do álcool, podemos supor que há uma aceitação do uso quando a referência é o pessoal.

A possibilidade de vir a experimentar maconha é admitida por dois adolescentes, uma aluna e um aluno, que dizem: *"ainda vou experimentar para ver como é"*; *"nunca se sabe o dia de amanhã"*. Os demais não parecem admitir essa possibilidade: *"não, porque pode viciar"*; *"não quero morrer cedo"*; *"gosto de mim para ver meu corpo destruído"*; *"tenho cabeça formada, não me deixo levar"*. Outras três alunas dizem que têm curiosidade mas que não vão experimentar maconha afirmando, p. ex.: *"tenho vontade mas não vou usar porque se usar uma, duas, três vezes, eu sei que vou viciar"*. Assim, a preocupação com uma possível dependência e com as conseqüências advindas do uso, como a autodestruição, parecem influenciar a decisão do adolescente de não experimentar e não consumir maconha.

Entre os alunos que declaram o uso de maconha de forma freqüente ou uma vez na vida, alguns afirmam que não pretendem mais repetir a experiência relacionando motivos semelhantes aos dos não usuários: *"fumei uma vez para esquecer o que tinha acontecido, mas não esqueci e hoje me arrependo de ter usado, pode viciar"*; *"acaba com a pessoa e leva a droga mais forte"*; *"parei pelas conseqüências"*. Embora outros usuários procurem explicar o uso dizendo, por exemplo: *"às vezes fumo para me distrair"*.

No entanto, apenas três adolescentes afirmam ser viciados em maconha, o que pode sugerir que separam o uso freqüente do uso ocasional. Os demais consumidores parecem enquadrar a si próprios como usuários ocasionais, o que não caracterizaria um vício.

Como vimos, a maconha é a droga ilícita mais consumida pelos estudantes entrevistados e a possibilidade do seu uso é admitida por outros, o que pode apontar para uma certa aceitação, quando a referência é o pessoal, do uso de maconha, desde que este uso não implique vício, dependência, ou seja, que tenha uma característica mais recreacional.

Os adolescentes, em geral, parecem não admitir, no pessoal, a possibilidade de vir a experimentar drogas consideradas pesadas, como crack e cocaína: *"não me sinto bem só de olhar na TV"*; *"não me deixo levar"*; *"tenho cabeça e responsabilidade"*; *"nunca vou usar porque sei que é fácil viciar e difícil se recuperar"*; *"não quero morrer cedo"*; *"não tenho vontade porque sei das conseqüências, e não quero correr risco de vida e pôr a vida de meus familiares em risco"*. Isso se verifica também entre os usuários de maconha que dizem, p. ex.: *"não aceitei porque essas drogas destroem muito rápido uma pessoa"*; *"traz muitas conseqüências"*.

A vontade pessoal, a responsabilidade, o medo da dependência e das conseqüências do uso parecem influenciar a decisão do adolescente de não as experimentar ou usar.

No entanto, três alunos, duas adolescentes e um adolescente, admitem que podem vir a experimentá-las ao afirmar: *"talvez algum dia alguém ofereça e eu aceite mas tenho esperança que não vai acontecer"*; *"nada é impossível, por enquanto acho que não"*. Como se a decisão não fosse deles ou o controle fosse externo a eles. Outros dois, um do sexo masculino e outro do feminino, falam de sua curiosidade em relação a essas drogas mas afirmam que não vão experimentá-las.

Os dois alunos que experimentaram cocaína referem-se a si mesmo como usuários de maconha mas não de cocaína, o que parece indicar que fazem uma distinção entre o uso recreacional e o uso freqüente.

Parece, então, que os depoimentos dos adolescentes, quando personificados, isto é, tendo como referência o eu, apontam para uma certa aceitação do uso do álcool e, embora menos freqüente, da maconha, assim como maior intolerância em relação a drogas como cocaína e crack, o que vem a reafirmar as suas concepções sobre as drogas e os usuários em geral.

Algumas considerações

Buscamos aqui olhar para o adolescente na sua relação com as drogas, procurando identificar as suas percepções sobre as drogas e o usuário e a tolerância quanto ao uso. As falas dos adolescentes sobre as drogas ora censuram o uso de modo até severo, ora revelam uma certa tolerância.

Os depoimentos apontam que há uma certa tolerância ao álcool e às drogas leves, como maconha, e uma aceitação menor do consumo de drogas pesadas, como crack e cocaína, tanto quando a referência é o outro como quando a referência é o pessoal. Ou seja, quando personalizam e quando despersonalizam as falas. Os depoimentos parecem evidenciar, quando as drogas são discriminadas, uma certa tolerância ao uso recreativo do álcool, que é a droga mais consumida pelos estudantes entrevistados, e da maconha, a droga ilícita mais consumida por eles, e a condenação das drogas mais pesadas, que são associadas à morte.

Em geral, os adolescentes conhecem pessoas que usam drogas ilícitas e muitos receberam propostas para experimentá-las, embora o contato com drogas pesadas seja menos freqüente. Alguns já experimentaram drogas leves e com menor intensidade as pesadas, e outros não excluem a intenção de experimentá-las. Isso indica que o contato com drogas ilícitas faz parte das experiências de vida dos adolescentes.

A relação droga e desvio de padrões sociais, marginalidade, embora sejam aspectos associados à imagem dos usuários, é questionada quando os adolescentes dizem que são mais tolerantes e é necessário entender o drogado como uma pessoa com problemas, ou que a droga tem também um aspecto recreacional.

Para os adolescentes o uso de drogas está associado à vontade de experimentar, para se mostrar aos colegas, porque é proibido, para curtir a noite, buscar a felicidade, divertir-se, aliviar os sofrimentos, fugir da realidade em que vivem, sentir-se melhor quando a relação familiar não está boa e/ou para atingir os pais. E, a resistência ao uso depende da vontade pessoal de não querer usar, da responsabilidade, da consciência dos efeitos que as drogas podem causar e da repressão ao traficante. A preocupação com uma possível dependência e com as conseqüências advindas do uso, como a autodestruição, parecem influenciar a decisão da maioria dos adolescente de não usar e de não experimentar drogas. Ver a resistência ao uso como dependente de características pessoais, como vontade, responsabilidade, aponta para uma percepção de auto-afirmação comportamental do adolescente. Coerentemente, vários entrevistados parecem pensar que as medidas e campanhas preventivas de uso de droga não surtem efeitos. Ele decidindo sozinho o que fazer, como se o adulto e a sociedade não tivessem influência nas decisões tomadas. Outros adolescentes enfatizam que é necessário divulgar as conseqüências do uso de drogas, prender os traficantes e procurar recuperar os drogados.

Acreditamos que a relação entre o adolescente e as drogas deva ser ponto de atenção de profissionais na área educacional, e especificamente do orientador educacional. Para tanto, é importante criar um espaço de discussão deste quadro para aclarar o significado do uso de drogas pelos alunos adolescentes e contribuir para a implementação de medidas preventivas no âmbito do cotidiano escolar, desfazendo estereótipos que vêm alimentando nosso imaginário sobre o abuso de drogas por adolescentes e refletindo sobre as múltiplas determinações implicadas no processo que são de ordem social, cultural e individual.

Bibliografia

ABRAMO, H.W. (1997) Considerações sobre a Tematização Social da Juventude no Brasil. *Revista Brasileira de Educação*, São Paulo: ANPED, n.5-6, pp.25-36.

_____. (1994) *Cenas juvenis:* punks e darks no espetáculo urbano. São Paulo: Scritta/ Página Aberta.

ANTHONY, J. (1969) Las reacciones de los adultos ante los adolescentes y su comportamiento. In: CAPLAN, L. (org.) *El desarrollo del adolescente.* Buenos Aires: Paidós, pp.111-60.

ARIÉS, P. (1986) *História social da criança e da família.* 2ª ed. Rio de Janeiro: Guanabara.

BERNARD, I. S.; LÓPEZ, A. R. (1994) Conceptos básicos en drogodependencias. In: IGLESIAS, E. B.; BERNARD, I. S.; LÓPEZ, A. R. (coords.) *Drogodependencias:* introducción. Universidade de Santiago de Compostela, Universitaria, pp. 21-55.

BARDIN, L. (1988) *Análise de conteúdo.* Lisboa: Edições 70.

BUZZI, C. (1997) Transgressão, desvio e droga. *Revista Brasileira de Educação.* São Paulo: ANPED, n.5-6, pp.167-79.

CARLINI-COTRIM, B. H. R. S. (1992) *A escola e as drogas:* realidade brasileira e contexto internacional. São Paulo: PUC (tese de doutorado).

CARLINI-COTRIM, B. H. R. S.; ROSEMBERG, F. (1990) Os livros didáticos e o ensino para a saúde: o caso das drogas psicotrópicas. *Revista de Saúde Pública.* São Paulo, v.25, n.4, pp.299-305.

_____. (1990) Drogas: prevenção no cotidiano escolar. *Cadernos de Pesquisa.* São Paulo, v.74, pp.40-46.

CARLINI-COTRIM, B. H. R. S.; PINSKY, I. (1989) Prevenção ao abuso de drogas na escola: uma revisão da literatura internacional recente. *Cadernos de Pesquisa.* São Paulo: Fundação Carlos Chagas, v.69, pp.48-52.

ERIKSON, E. (1971) Reflexiones acerca del disconformismo en la juventud contemporanea. *Rev. Argentina de Psiquiatria y Psicologia de la Infancia y la Adolescencia.* Buenos Aires: Kargienam, Cuaderno 1, pp. 35-64.

FERNANDEZ, O. F. R. L. (1994) A prática de injeções de drogas, o uso comunitário de seringas e a redução dos riscos ao HIV. In: DUMARÁ, D.(org.) *A AIDS no Brasil.* Rio de Janeiro: ABIA/IMS/UERJ, pp.251-69.

FORACCHI, M. A. (1972) *A juventude na sociedade moderna.* São Paulo: Pioneira.

KNOBEL, M. (1971) Um enfoque psico-social de la juventud contemporanea. *Rev. Argentina de Psiquiatria y Psicologia de la Infancia y la Adolescencia.* Buenos Aires: Kargienam, Cuaderno 1, pp.113-22.

LAPASSADE G. (1968) *Sociologia da juventude.* v. III. Rio de Janeiro: Zahar.

MASSERMAN, J. H. (1971) Extravagancias y virtudes de la juventud americana. *Rev. Argentina de Psiquiatria y Psicologia de la Infancia y la Adolescencia.* Buenos Aires: Ed. Kargienam, Cuaderno 1, pp.157-76.

PARSONS, T. (org) (1968) Uma visão geral. In: *A Sociologia americana:* perspectivas, problemas, métodos. São Paulo: Cultrix, pp.366-83.

PAULINO, W. R. (1994) *Drogas.* 2a ed. São Paulo: Ática.

SALLES, L. M. F. (1998) *Adolescência, escola e cotidiano*: contradições entre o genérico e o particular. Piracicaba: Ed. UNIMEP.

SANTOS, R. N. S. (1997) *Prevenção de droga na escola:* uma abordagem psicodramática. Campinas: Papirus.

Os pluriversos da droga

João Alfredo Boni de Meirelles*

A criminalidade toma conta, a sociedade põe a culpa

Se a droga fosse um elemento que ajudasse a transformar a energia potencial em ação criativa, ela seria benéfica para a rede como um dos diversos elementos capazes de propiciar a diferenciação do indivíduo, de uma família, de uma sociedade. Mas não tem sido este o caso. Ao contrário, a expansão do seu uso, sua ligação com hábitos compulsivos e recorrentes, levam à fixação de padrões, na maioria das vezes, em um pensamento linear e concreto, incapaz de abstrair e aprender.

A questão da droga está relacionada com o desequilíbrio, um momento de instabilidade tanto na esfera macrocósmica quanto na microcósmica, um desequilíbrio no ecossistema planetário.

Funcionamos em redes. Não existe uma única visão, caminho, direção, sentido. O que acontece num plano reverbera, ecoa, ressoa em ondas energéticas por todos os sistemas interligados por essas redes. Nossas ações geram reações. Somos todos parceiros cúmplices, e adversários/inimigos numa grande e múltipla comunidade. Alguns poucos têm consciência disso. Muitos ainda não. Pensamos ainda com as referências de um paradigma no qual as pessoas que o utilizam se apóiam em relações deterministas, anacrônicas e maniqueístas.

Não é mais possível conceber um mundo por intermédio de partes isoladas, qualquer que seja o nível desse organismo. Nem mais olhar o pela dualidade. É preciso assumir a diferenciação. Crescer para um novo

---

* Psicólogo, psicoterapeuta com especialização em terapia de casais, formado no Instituto Paulista de Terapia Familiar. É co-autor de *Sexualidade na escola: alternativas teóricas e práticas* (Summus, 1997).

estágio. Sair do estágio individual e indiferenciado para um estágio sistêmico diferenciado. Este é o processo que vai da individualidade para a individuação no que tange ao organismo, e da indiferenciação para a diferenciação no que tange ao sistema.

O estabelecimento de redes de vida implica pensar e fazer ao mesmo tempo. Quando não nos diferenciamos, temos a intenção mas não temos a ação, temos a energia potencial mas não a transformamos em ação criativa. O sonho não cria realidades, o desejo não se nomeia. Esse é o padrão de um indivíduo, de uma família, de uma sociedade drogaadicta. Isto gera tensão que tende a explodir pois o sistema precisa de expansão. Quando um sistema está indiferenciado, quando a energia potencial é maior do que a energia cinética, está gerando tensão interna. É o desequilíbrio ecológico, é o desequilíbrio mental, é o desequilíbrio econômico, é o desequilíbrio social. Momento de imponderabilidade: ninguém sabe para onde vamos pois a realidade não existe antes de ser criada a cada momento. Vivemos em um grande emaranhado em que as fronteiras não são claras, não se diferenciam. Diferenciar-se é ampliar a superfície de contatos, a rede de conexões, o grau de complexidade. Nesse emaranhando e nesse contexto de tensão sempre haverá um dos componentes que será o receptor de toda a tensão desse sistema.

O adicto dentro de um sistema familiar é a vítima propiciatória, é esse receptor, é ele quem denuncia o grau de tensão e de conflitos internos que ocorre dentro daquela rede familiar e daquela rede social. Ele reflete a situação de estresse. Qual a relação do padrão hábito/droga nesse contexto? Ele homogeneiza os conflitos e tem dupla função. No nível do prazer ele mascara a dor do conflito, produz um prazer fugaz, um prazer que não tem descarga e, conseqüentemente, aumenta a tensão na rede interna. No nível da comunicação, ele desconecta pedaços da rede ao repetir padrões de comportamento e ao paralisar a comunicação.

Determinados padrões de emoções, atitudes, comportamentos ocorrem tanto no subsistema individual quanto na relação do indivíduo com a família e das famílias com a sociedade num processo mútuo de retroalimentação. Falamos do indivíduo adicto, da família adicta, da sociedade adicta porque repetem padrões em cima do segredo, do engano, da negação e do silêncio. Esses são os quatro aspectos comuns do adicto, seja ele indivíduo, família ou sociedade. Ele tem um segredo, qual é o segredo dele? O segredo que o adicto guarda é o segredo de sua própria mentira. No seu íntimo, acha-se só, fraco, com medo e seu segredo é tentar esconder dos outros o que esconde de si. Tem uma visão mais distorcida e parcial de realidades ao não se difrenciar. Que proces-

144

so é esse? Ruídos na comunicação — distanciamento de um contato afetivo-emocional nas relações interpessoais, a começar da mãe em relação ao bebê até os chamados representantes do povo em relação às famílias que compõem uma sociedade.

O ecossistema está indiferenciado e precisa de algo que o diferencie, precisa de um corte para estabelecer uma nova ordem, um novo começo. Mas o Pai é um pai fraco, distante afetivamente, desapegado, débil e ausente. Não cumpre sua função de interromper, de quebrar a relação edipiana perversa entre mãe e filho. Isto ocorre em todos os níveis: é o pai que não assume e cumpre as funçnoes paternas; é o Estado que não assume as responsabilidades que tem perante o corpo social; é uma sociedade extremamente ansiosa, imediatista, deprimida, não diferenciada, com medo e estagnada em seu ciclo de desenvolvimento.

Talvez este seja um momento de transição, de passagem, de angústia. Talvez só nos reste neste momento buscar em nós mesmos uma nova ordem no caos. Fortalecermo-nos interna e externamente enquanto o sistema se auto-organiza num novo paradigma. Vamos continuar nos "drogando" com negações, segredos, mentiras, silêncios, ocultando os nossos conflitos? Está na hora de encararmos nossas vidas individual e coletivamente, deixar de vivê-la como um constante julgamento em que sempre existam culpados ou inocentes, de criarmos novas realidades e espaços para a transformação e a expressão. É tempo de se aprender a substituir pensamento causal por pensamento sistêmico.

Clima, sente o clima, sente...

Um bolo de chocolate; um beijo romântico; o primeiro cigarro do dia; o cafezinho; o primeiro gole; a TV, a novela, o futebol; pensar positivamente; orar... Cada um destes comportamentos e atitudes, ou o conjunto deles, fará o hedonista dentro de nós criar histórias, formar hábitos, querer mais. Imagine, então, um "tapinha" na maconha; uma "cafungada na branquinha"; uma "pipada" no crack; mais uma dose de "birita"; um "back" nas veias; um Lexotan à noite; um Prozac de dia; um Viagra para "aquelas horas"; uma anfetamina para emagrecer...

Cada uma destas drogas, ou o conjunto delas, não existe por si só, e não teria o menor problema se junto a elas não houvesse o ser humano — um ser humano carente afetiva e sexualmente; enclausurado, cansado, abandonado; estressado física e mentalmente. Junta-se a isto uma depressão, um sentimento de impotência, a falta de grana e de perspectivas de uma vida amorosa com familiares, parceiros e amigos, um trabalho — quando se tem — massacrante e repetitivo, muitas vezes sem sentido, recompensa e qualificação. Pela janela o tempo parece que acelera e exige que sejamos mais rápidos, eficazes, belos, prestativos, com prontidão e criatividade para o inusitado. No espelho somos pobres — brancos, pretos, amarelos, mestiços periféricos — do Terceiro e Quarto Mundo. Homens e mulheres perplexos, explorados há séculos, com certeza possuindo alguma doença ou alguma por vir. Fora isso, somos roubados e agredidos a cada minuto — quer no patrimônio, quer nos sonhos e nas esperanças; sentimo-nos invadidos em nosso hábitat, no *locus* de nossa privacidade. Transição veloz no ciclo vital, sabendo o que não se quer e, ao mesmo tempo, não sabendo direito o que se quer e o que nos acontecerá. Ufa...

Estes são alguns "bons motivos" para prazeres fugazes, busca de soluções ou "chutes no pau da barraca", e para dizer "dane-se eu e todo o mundo". Taí um bom "caldo de cultura" para drogas já que o pescador humano, parafraseando Paulinho da Viola, perdeu o domínio do leme — "Não sou eu quem me navega, / quem me navega é o mar...", com ou sem controle, sem saber como, para onde, por que e por quanto tempo navegamos ou, melhor, vivemos.

Ingerir substâncias em busca de algo é um padrão de comportamento que faz parte da história humana. Contextualizada dentro de ritos e praticada por "alguns", a droga assume uma função terapêutica na comunidade e seu uso é exercitado em espaços sagrados, com acesso restrito e com um certo controle de "iniciados". Assustador é o rompimento e a extrapolação destes espaços sagrados, tanto no que se refere a espaços públicos quanto ao abuso de utilização nos espaços privados. Sua função perde o caráter terapêutico e de autoconhecimento. Desregulam-se as regras, amplia-se o número de usuários, transforma-se o sentido.

O tráfico de drogas é uma rede que fatura uma cifra em torno de US$ 750 a US$ 900 bilhões por ano no mercado mundial, cifra esta gerada a partir de US$ 200 bilhões advindos anualmente da plantação de 1,5 milhão de hectares de papoula, maconha e folhas de coca. Estes números não incluem as tidas drogas legais — o tabaco e o álcool, produzidas e comercializadas por indústrias multinacionais, e nem as drogas tidas como terapêuticas — ansiolíticos, calmantes, antidepressivos, neurolépticos, remédios para emagrecimento — produzidas e comercializadas pela indústria farmacêutica. A quantidade de comprimidos produzidos e consumidos nestes últimos cinqüenta anos é incalculável, sem contabilizar as anfetaminas, consideradas a droga do século XXI, produzidas por indústrias e estabelecimentos familiares em qualquer cidade do mundo. Pelos cálculos da Organização das Nações Unidas (OMS), o número estimado de consumidores só das drogas ilegais está por volta de 52 milhões, número este que, certamente, está subestimado, pois quem está na ilegalidade não se apresenta. Se somarmos a estas pessoas os consumidores regulares de drogas legais mais os que se utilizam de várias delas — legais e não-legais — e os que abusam de outras substâncias, como o açúcar e a cafeína, chegaremos a um número equivalente a mais da metade da população da Terra.

São milhões e milhões de seres humanos droga-adictos, assumidos ou não, relacionando-se em constante comunicação, desafiando e desmoralizando a própria noção de uma ordem jurídica internacional, reguladora da relação entre os Estados e gerando cifras que superam os PIBs da grande maioria dos países — isto, repito, só no que diz respeito à economia movida por drogas ilegais. As drogas deixam de ser, portanto, um assunto de polícia para se tornar uma questão geopolítica, econômica e financeira de primeira grandeza.

Se considerarmos a relatividade e as diversidades culturais, as fronteiras e definições do que seja legal/ilegal e legítimo/ilegítimo teremos razões, mais do que suficientes, para tentarmos uma redefinição de valores éticos e de políticas educativas e de saúde pública. No campo da saúde, avanços científicos nos últimos vinte anos demonstram que o hábito de se drogar é um processo crônico da humanidade, produzindo doenças ou desordens resultantes do uso prolongado não só no cérebro como em todo o corpo. O hábito, por sua vez, embute atitudes, comportamentos e aspectos do contexto sociocultural que são partes importantes da própria desordem. A droga associada a hábitos compulsivos recorrentes, em que se busca e se usa algo ou alguém, deve ser pesquisada e vista como um processo relacional — droga/ser humano/hábito. É um assunto que afeta tanto o indivíduo como a família, a comunidade e a sociedade em todas as culturas, devendo, portanto, seu enfoque ser expandido para a ecologia. Este, porém, é um tema que muitos ainda escondem.

A abordagem internacional e, quando existem, as políticas nacionais em relação às drogas negam a existência da relação droga/ser humano/hábito. As drogas são o problema manifesto. O hábito humano, suas extensões e responsabilidades quase não são discutidos, são ocultos. Ou melhor, discute-se sim, e culpabiliza-se muito, o hábito do drogadicto, de seu grupo de referência família adicta. As drogas nunca são problemas "nossos" e sim dos "outros".

As políticas são antidrogas, enfatizando, como o próprio nome indica, a repressão. Alguns poucos países diferenciam usuários de traficantes. A OMS considera todo adicto uma pessoa dependente física e/ou psicologicamente. O enfoque tradicional e repressivo estabelece conceitos que têm como objetivo chegar a uma sociedade sem drogas e sem consumo a longo prazo. De orientação político-populista, propõe intervenções planejadas por autoridades governamentais com contribuições da sociedade. Reforça ações jurídicas, criminais e políticas de combate (guerra) aos tóxicos. A saúde e a educação e seus aspectos preventivos são deixados em segundo plano. Tem forte apoio das camadas conservadoras, com base em ideologias que pressupõem a pureza humana, o equilíbrio físico e mental dentro de um espectro de equilíbrio dinâmico com limites não definidos de tolerância. No que se refere às intervenções policiais, propõem tolerância zero, isto é, abstinência total. Os Estados Unidos e o Japão, por sua forte influência na Organização das Nações Unidas (ONU), estabelecem estratégias políticas intervencionistas em vários países e não citam ou discutem a questão das drogas legais porém ilegítimas. Suas campanhas utilizam uma terminologia veemente e valorativa em que a mensagem liminar é "diga não às drogas", e a subliminar reforça a mensagem dizendo "diga não aos drogados também".

Numa sociedade individualista, o que ocorre quando os valores coletivos se deterioram? O que fazer quando o individualismo tende a se transformar em egoísmo ou em preconceito e segregação contra os diferentes?

O fio do enredo é mentira

O paradigma que sustenta as políticas e leis antidrogas é o mesmo que sustentou o pensamento científico até por volta da metade do século XX e que ainda domina a maioria das mentalidades humanas neste final de século. Falo do pensamento analítico, mecanicista, determinista e linear.[1]

---

1. Neste paradigma, o método de pensamento é a análise que consiste em quebrar fenômenos complexos em pedaços, a fim de compreender leis gerais do todo a partir de propriedades de suas partes. Incorpora a concepção de natureza e organismos vivos na divisão fundamental de dois domínios independentes e separados: o domínio do espírito (mente) e o domínio da matéria (corpo). Estes domínios interagem dentro de uma lógica funcional de causa e efeito. O pensamento é determinista — tal fenômeno acontece por causa de tais fatores, tendo tais aspectos que podem ser explicados dentro de equações matemáticas lineares. Assim, o ser humano é concebido como uma série de interações funcionais entre os diversos blocos (células, órgãos, tecidos) da construção celular.

A droga é definida neste paradigma como uma matéria-prima vegetal, mineral ou animal, que pode também servir como base para substâncias sintetizadas em laboratórios, da qual se extrai um ou mais princípios ativos. O adicto é o ser humano que se auto-regula dentro de um equilíbrio dinâmico tolerável, mas que, pelo uso contínuo de substâncias ativas externas ao corpo, vai desequilibrando-se e, com isso, tem aumentadas as probabilidades de apresentar comportamentos inadequados ao convívio social, bem como de contrair doenças e morrer. O ser humano é, portanto, puro e saudável por princípio, e o que lhe acontece de mau ou ruim é por causa de substâncias externas a ele. Logo, se eliminarmos estas substâncias ou impedirmos o seu contato, eliminaremos o problema.

Dentro desta interpretação lógica, reducionista e linear, as drogas e seus adeptos são os causadores de todos os males decorrentes do seu uso e são culpados e responsáveis por tudo aquilo que advier do seu uso. É importante frisar que dentro deste paradigma a relação droga/ser humano/hábito é vista como uma unidade funcional. A droga atua no cérebro que regula o corpo que cria hábitos. Estes geram comportamentos que atuam no cérebro que, por sua vez, necessita de mais drogas. Este é o ciclo vicioso da dependência no seu modelo mais básico.

A relação mente-cérebro é a grande reguladora. Sua função é transformar estímulos físicos e/ou psíquicos em atividades eletroquímicas através de circuitos compostos por neurônios excitáveis, modificações elétricas, químicas, sinápticas (físico/química e neurotransmissoriais). Sua função também é regular as transformações intracelulares.

O funcionamento cerebral é rígido e específico: alterações eletroquímicas produzem respostas neuronais, alterações neuronais produzem respostas eletroquímicas. O cérebro é um transformador bioelétrico-químico, um aparato que codifica e decodifica mensagens, que faz parte da economia orgânica e dela depende. Se esta economia está desequilibrada, o cérebro aceita drogas para, momentaneamente, reequilibrar-se. Só que, ao precisar de substância externa, ele distancia-se ainda mais do seu equilíbrio natural, i.e., descompensa-se, ainda mais, como sistema. Daí a necessidade de mais drogas para reequilibrar-se. É esta a espiral ascendente da dependência na relação droga-cérebro. O mesmo ocorre na ponta inversa entre hábito e cérebro.

O cérebro e o sistema neuroendocrinológico dentro desta concepção é o órgão que controla e regula todo o funcionamento humano. É nele que está a mente e é nela que está a consciência e a razão. É na relação equilibrada entre mente e corpo que está a saúde e a Ordem Natural, a Luz Divina. É no cérebro que está a representação objetiva de Deus. É nele, portanto, que está o espaço do sagrado. Este é o cérebro dos sadios, dos puros, dos abstêmios, dos homens de bem. Tudo aquilo que vier maculá-lo deve ser segregado, isolado e eliminado.

É para isto que existe o sistema imunológico e a moral, para defender a mente e o corpo do mal das drogas e dos maus-hábitos. É por causa disto que existem os homens puros, saudáveis de corpo e alma, verdadeiros guerreiros cruzados e puritanos, emissários do Deus Uno, no Uni-verso humano. Por isso a luta antidrogas tornou-se uma Guerra Santa no final do século xx.

Quem está a favor das drogas e dos maus-hábitos está do lado do "mal". Quem estiver contra elas, estará do lado do "bem". Bem ou mal, certo ou errado, legal ou ilegal, ordem ou desordem, saúde ou doença... Domínios independentes, separados, excludentes. Este é o paradigma que sustenta a Ordem Oficial da Ciência clássica, da Justiça clássica, da Política clássica, da Polícia clássica: separar a natureza e a cultura, a mente e o corpo, consciente e inconsciente, como domínios próprios que interagem mecânica e funcionalmente.

Carlos é um terapeuta de 45 anos que está se especializando em uma abordagem terapêutica familiar que ele denomina terapia sistêmica familiar. Carlos já tinha passado na sua profissão por uma formação básica, teórica, em psicanálise. Era especializado também em fenomenologia e conhecia os trabalhos corporais e a teoria de Wilhelm Reich. Casado, Carlos tem três filhos, um do primeiro e dois do segundo casamento. Órfão de pai e mãe, Carlos ajudava um irmão viciado em drogas. Já experimentara várias delas em outros momentos de sua vida, porém nunca se viu como um dependente. Viciado, diz ele, só em trabalho. Era o que dizia a um amigo e confidente que o conhecia desde a adolescência e que, até hoje, é seu companheiro de futebol e sinuca — duas grandes paixões. Herdeiro e psicólogo, casado com uma executiva, Carlos tem uma renda média de R$ 2.500.

Carlos procurou-me querendo uma supervisão. Contava que, coincidentemente, terminara duas sessões diferentes numa mesma semana com cada cliente fazendo a mesma pergunta: o que é a vida? Isto o intrigara sobremaneira porque esta era também uma pergunta que ele vinha se fazendo.

Pedi a ele que me falasse um pouco sobre cada uma dessas pessoas e o que de cada uma dessas histórias marcara aquele último encontro. Carlos começa a me falar de Fabio, um investigador da polícia civil,

150

com 27 anos, pai de um casal de filhos de três e cinco anos. A esposa tinha vinte anos e estava terminando o 1º grau. Vendia roupas de casa em casa e as crianças eram cuidadas pela avó. Fabio estava no 3º ano de Jornalismo de uma faculdade paga e ganhava um complemento salarial como estagiário no departamento comercial de uma revista policial. Vendia anúncios. Sua renda mensal beirava os R$ 2.000.

Fabio acabara de perder o pai, vítima de AIDS. Ajudava financeiramente a mãe costureira, separada do pai desde quando soube que este contraíra AIDS por ingestão endovenosa de cocaína. Fabio dissera que procurara terapia por sugestão da esposa e de amigos pois bebia com freqüência e, nesses momentos, era bastante agressivo. Sentia muito a perda do pai, que era uma espécie de modelo de vida para ele.

Durante a terapia Fabio contara que, em meio ao desespero, à angústia e à culpa, ele tinha o hábito de pegar o telefone e ligar para alguém desconhecido para desabafar. O que chamara a atenção de Carlos naquele dia em especial era que Fabio contara que, há algum tempo, encontrara um ouvido amigo que havia passado a ser alguém importante para ele e com quem ele falava com freqüência. Tinha-se enamorado dessa pessoa, da qual só conhecia a voz, e isso era reconfortante para ele. Fim da sessão. O que é a vida?

Dei uma tarefa a Carlos para nosso próximo encontro. Pedi que me trouxesse um resumo da sua visão dos conflitos intrapsíquicos do adicto dentro de uma abordagem funcional e analítica.

Eis o que ele me trouxe:

"Quem é o adicto?

O adicto é filho de uma mãe permissiva, apegada e superprotetora. É o filho escolhido, pois o pai é geralmente distante, desapegado, débil, ausente. O relacionamento entre pais e filhos é negativo (não existe qualificação mútua), com regras disciplinares rígidas, rudes e incoerentes. As regras, os mitos e os hábitos são transmitidos de geração para geração. O relacionamento entre gêneros iguais é competitivo e excludente. Como conseqüência desta forma de relação, ocorre uma maior probabilidade de dependência do adicto; um contato afetivo perverso (édipo não elaborado), infantilizado e indiferenciado entre pais ou avós e filhos. Os conflitos são mais primitivos (agressivos, violentos).

A percepção de realidades é distorcida e parcial. O seu padrão de percepção geralmente se identifica com o que lhe parece semelhante, idealiza aquilo que não consegue perceber e nega, separa e projeta o que lhe é diferente.

Em função da distorção da realidade tende a estabelecer disfunções da comunicação; dificuldade de estabelecer objetivos. Em função da distorção afetiva tende a estabelecer contatos afetivos de baixa intensidade. Em função da não diferenciação seu pensamento é mais concreto, teme ou não consegue abstrair, com tendências à desordem, ao desequilíbrio e à inconstância de raciocínio. Sua empatia é superficial e pouco duradoura por não Ter constância e profundidade na troca afetiva e por suas emoções mais primitivas estarem à flor da pele.

O segredo que o adicto guarda é o segredo de sua própria mentira. Afasta-se afetivamente e sente-se não pertencente ao meio (retraimento).Como o aprendizado está relacionado à ação e a sua ação é lábil e inconstante, assim como a percepção é distorcida, o seu fazer é incompleto quando acontece: pouca perseverança e elaboração de frustrações, dificuldade em resolver conflitos na realidade. Acha que resolve os problemas dos outros quando, em verdade, não consegue sequer resolver os seus."

Perguntei a Carlos o que seu amigo do futebol e da sinuca diria desta sua descrição do adicto.

— Diria que este é o drogado, o próprio diabo em pessoa. O pior é que tudo começou em seus primeiros dias por motivos que não eram nem seus. Ontem era o anjo, hoje carrega a cruz, amanhã será exorcizado. Esta é a vida.

O que é a vida? Não era bem esta a pergunta dos analistas mecanicistas, mas sim como e por que a vida é assim. Qual é a lei essencial da vida? Quais os princípios e propriedades fundamentais comuns a todos os organismos vivos e ao ser humano? Onde ela se encontra? Está em Deus? Está no Homem? Está na relação mente e cérebro?

Ninguém pode negar a importância do paradigma mecanicista na evolução da ciência. O problema é que, enquanto se procura a Lei Una fundamental, reafirma-se o Poder do Um, existindo sempre aqueles que se dizem estar mais próximos do Um. Tudo passa a existir em função do Nome do Um, sendo poucos os ministros e generais e muitos os servos e escravos. Basta observar ao longo da história humana que sempre por trás de um imperador, de um sistema econômico e político monopolista e totalitário, de uma religião com pretensões hegemônicas está o Nome do Um — Deus, Diabo, Capital, Felicidade, Paz, Prosperidade, Saúde, Pureza, Iluminação... É a busca do Princípio Primeiro. Igualmente, sempre por trás de um "trago", de uma "cafungada" ou de um "back" há um sonho infantil que se frustra. É a busca do primeiro lugar. É a servidão voluntária.

E, no satélite, sobrevoando o planeta, com as antenas sintonizadas com o que de fato acontece, o piloto Alfredo e o comandante Boni comentam:

Segundo relatório da ONU de 1997, o fenômeno da globalização precisa ser melhor administrado e refletido sob o ponto de vista da qualidade social, sob o risco de marginalizar os países em desenvolvimento e os pobres de todas as nações. Mesmo quando a globalização atinge nações menos desenvolvidas, geralmente o faz nas condições mais desfavoráveis (os pobres não têm produtividade e competitividade). Segundo o documento, o acesso desigual ao comércio, trabalho e finanças faz com que estes países percam dez vezes mais do que recebem em empréstimos (US$ 500 bilhões/ano para US$ 50 bilhões/ano).

O comandante Boni aproveita para comentar também a relação entre drogas e a proliferação de máfias do crime organizado:

A globalização econômica derruba fronteiras entre nações. Moedas estáveis, com valores relativamente equiparados e uma maior flexibilidade no estabelecimento de regras e limites alfandegários possibilitam a criação de um fluxo de transações financeiras e comerciais entre as nações. Este mercado gera um movimento e um deslocamento de grande massa de capital.

Dinheiro especulativo, cujos "donos" são desconhecidos e que, quando aplicado na produção, vai para os setores de serviços e para a aquisição de bens de luxo. Capital que percorre, especula e cresce a uma velocidade quase exponencial, impedindo que qualquer política econômica a médio ou longo prazo seja estabelecida. Para quê produzir, gerar empregos, se a especulação rende lucros fantásticos e os países endividados dependem cada vez mais de empréstimos a curto prazo que podem chegar, pelo computador, de qualquer ponto planetário?

O tráfico de drogas injeta dinheiro no mercado de capitais criando organizações e corporações multinacionais de fachada limpa. O mercado financeiro institucional fica cada vez mais misturado com o dinheiro advindo do tráfico. Os países "adictos" agradecem pois de "cavalo dado, não se olham os dentes". Crescem, assim, os chamados paraísos fiscais e financeiros, em que não se questiona a origem do dinheiro. O dinheiro sujo transforma-se em capital especulativo que é bem recebido por todos os países.

A paga, apaga a fumaça do revólver...

Já sabemos, portanto, que não é no paradigma mecanicista funcional com o seu Uni-verso que encontraremos as saídas para os infortúnios das drogas. Que tal procurarmos interrogações profícuas em outro paradigma abrindo espaço para os pluriversos da droga?

Quando utilizo o prefixo Pluri (muitos) busco diferenciá-lo do prefixo Uni (um). Pretendo não ficar preso à conotação moral e dual de bem ou mal. Quero sair do pensamento mecanicista do porquê do mal das drogas, quais as suas causas e para onde levarão os seus efeitos. Neste momento, não importa se a droga é ruim ou não, se é certo ou não consumi-la.

Proponho ao leitor um exercício mental em que possamos por alguns instantes pensar em substituir o "ou" pelo "e". Assim, vejamos: as drogas possuem aspectos bons e ruins, consumir drogas tem momentos bons e ruins, as conseqüências da utilização de drogas tem características boas e ruins, a relação que os adictos estabelecem consigo e no processo relacional com os outros (família, amigos, comunidade) tem aspectos positivos e negativos. Sei que é difícil pensar desse jeito e nem pretendo propor com este exercício gestáltico que percamos nossa capacidade crítica e a percepção de realidade. O que pretendo neste momento é sair das amarras e impasses morais, sem cair na amoralidade ou na imoralidade. Proponho apenas uma contextualização.

Continuemos com o exercício. Pensemos nos seres humanos. Pensemos em nós e não neles. Somos bons e somos maus; fazemos coisas certas e erradas; construímos bons e maus hábitos; existem hábitos que controlamos e outros que nos controlam; temos hábitos que nos trazem saúde e prosperidade e outros que nos fazem adoecer com risco até de morte; existem em nós hábitos construtivos e também destrutivos; hábitos que nos orgulham e hábitos que nos envergonham.

Ainda do nosso satélite, recebemos um chamado dos sempre antenados Alfredo e Boni.

João, dá licença, mas achamos que você deve propor a seus leitores atentos algumas perguntas:

Como funciona para você, leitor, este mundo com drogas?

Como seria para você este mundo sem drogas?

Como seria o mundo com drogas e com uma outra forma de pensar?

Espero que agora, talvez um pouco mais flexíveis depois destes exercícios, possamos compreender que o nosso compromisso de viver é com a própria vida.

E o que é a vida?

Esta é uma pergunta que instiga os homens em todas as épocas, em diferentes culturas, em todos os espaços deste planeta. Goethe admirava a ordem como a natureza se movia. Kant dizia que os organismos vivos eram totalidades que se auto-organizavam e se auto-reproduziam. Para o bioquímico Henderson a vida tinha de ser compreendida como um sistema, o que significa um todo integrado cujas propriedades essenciais surgem das relações entre suas partes.

Onde quero chegar com estas citações de Goethe, Kant, Henderson? O que eles têm a ver com as drogas? Eles também consumiam drogas? Não, não é bem isso. Cada um na sua área, trouxe uma percepção e interesse sobre o conhecimento da vida, no sentido de defini-la, com a noção do universo como um organismo vivo e espiritual. Traziam na sua relação com a vida o embrião de um novo paradigma científico, em que a busca por formas comuns, as leis de ordenação, a importância da qualidade das relações eram enfatizadas, diferentemente do paradigma cartesiano/mecanicista que enfatiza a estrutura, a matéria, a quantidade. Falo do paradigma sistêmico ou holístico, que representa uma verdadeira revolução no pensamento científico ocidental, e que passarei a utilizar na minha abordagem sobre a questão das drogas.

Alfredo e Boni, vocês estão me ouvindo? Contem, por favor, daí de cima, o que a cocaína, o crack associado ao álcool provoca?

Desespero — o viciado começa a vender os seus pertences.

Roubo — começa a roubar primeiro a própria família, depois pequenos roubos e furtos externos, por último assaltos à mão armada.

O viciado se transforma em microtraficante para garantir o seu.

O viciado vende o seu próprio corpo.

Começa a enfrentar a polícia (que o prende ou achaca).

Uma porcentagem mínima consegue Ter tratamento médico e psicológico (a maioria com poucos resultados positivos, pois o problema é crônico e recorrente), além de cooperação familiar (que se exclui do problema e exclui o viciado).

Peso econômico insustentável para as famílias: os planos de saúde não cobrem os tratamentos porque não consideram o vício como uma doença.

Morte — overdoses, suicídios, assassinatos (seja por traficantes, polícia, gangues rivais). Cria-se o ciclo: droga em profusão + hábito crônico que implica criminalidade + falta de tratamento que implica segregação que implica falta de emprego.

No paradigma cartesiano-mecanicista acredita-se que em todo sistema complexo é possível entender o comportamento do todo a partir das propriedades de suas partes. Utiliza-se o pensamento analítico ou seja fragmentado, atomizando fenômenos, buscando propriedades gerais intrínsecas às suas partes. O todo organiza-se a partir de unidades que se inter-relacionam a partir de interações funcionais.

Para o paradigma sistêmico, os sistemas vivos são totalidades integradas cujas prioridades não podem ser reduzidas a partes menores, por isso nenhuma delas a possui. Elas surgem das "relações de organização" das partes, i.e., de uma configuração de relações ordenadas que é característica dessa determinada classe de organismos ou sistemas. As propriedades sistêmicas são destruídas quando um sistema é dissecado em elementos isolados.

Outro critério-chave do pensamento sistêmico é sua capacidade de deslocar a própria atenção de um lado para outro entre níveis sistêmicos. Ao longo de todo o mundo vivo encontramos sistemas e aplicamos os mesmos conceitos em diferentes níveis, por exemplo, o conceito hábito/drogas a um organismo, a uma cidade, ou a uma economia. Por outro lado, diferentes níveis sistêmicos representam níveis de diferentes complexidade. Em cada nível os fenômenos observados exibem propriedades que não existem em outros níveis.

O paradigma sistêmico substitui a noção de função pela de organização e o pensamento deixa de ser analítico para ser um pensamento contextual. O pensamento sistêmico concentra-se, portanto, em padrões de organização básicos e busca entender as "coisas", os fenômenos, no contexto de um todo mais amplo.

Pergunto a Carlos o que é exatamente a vida para ele.

— Viver é não Ter vergonha de ser feliz. É o constante movimento de passar de um todo para um todo diferenciado e autônomo. Saúde, a meu ver, é o livre fluxo energético de vida, na constante criação de realidades próprias. Doença seria a paralisação deste livre fluir, cristalizando fatos,

156

histórias e imobilizando maneiras de ser, repetindo mitos e padrões meca-
nizados de atitudes e comportamentos. Cria-se o hábito crônico, o padrão
recorrente, paralisa-se o tempo fenomenológico, reproduzem-se "clones"
e mitos. Já não se busca crescimento, desenvolvimento, diferenciação.

As drogas entram nesse momento como elemento homogeneizante,
como fetiche e sedução, a promessa que não se cumpre. A personalidade
não é mais a busca de ser e existir como real, e sim como imagem de vir
a ser.

O Hábito é um processo cerebral mas não é só um processo do cérebro. Toda substância viciante afeta de maneira crítica e profunda as funções cerebrais e o circuito neuronal, quer ela seja tomada ou aplicada em situações agudas (i.e., remédios), quer ela seja tomada por um período prolongado, e seus efeitos persistem por muito tempo, mesmo depois que os usuários já não a utilizam mais (o hábito-droga cria lembrança e memória).

Foram identificadas muitas drogas que provocam o uso crônico e efeitos significativos no nível molecular, celular, estrutural e funcional. Algumas destas alterações cerebrais são próprias de drogas específicas, outras não. Existem mecanismos do cérebro comum que sugerem hábitos e os associam a drogas e situações do contexto afetivo/emocional e social. Portanto, podemos falar também em substâncias viciantes associadas a hábitos, emoções, afetos e contextos viciantes.

A via neuronal é de duas mãos. Drogas viciantes podem produzir hábitos, assim como hábitos viciantes podem criar predisposições a drogas ou substâncias. A maconha, por exemplo, produz a chamada "larica", bem como o sentimento de isolamento e abandono pode produzir o desejo de se drogar. O processo começa com uma ação voluntária (consciente). Posteriormente é criada uma associação que já inclui uma memória, uma lembrança (pré-consciente ou inconsciente). Ou seja, junta-se a fome com a vontade de comer (droga + hábito compulsivo em que se busca e se usa algo).

As pesquisas caminham em busca de medicamentos ou tratamentos psicológicos que interrompam no nível biológico molecular esta associação entre droga e hábitos compulsivos de busca e uso. O hábito, entretanto, não é apenas uma atitude e um comportamento cerebral. Possui aspectos psíquicos e sociais e as pesquisas devem enfatizar ações neste contexto. A recuperação da drogaadicção, quando possível, caminha em busca de uma remodelagem, isto é, de uma reeducação do indivíduo desde seu neurônio até a forma de vinculação relacional com sua família, comunidade e sociedade. Estas por sua vez também necessitam modificar e reaprender maneiras e como lidar com o adiccto.

Ver o hábito como um processo crônico, muitas vezes doentio ou associado a substâncias e/ou situações doentias é um conceito novo para especialistas de toda ordem e, principalmente, para o público em geral. E este enfoque vai afetar e tornar obsoleta uma série de estratégias públicas globais, bem como alterar e pôr em risco uma série de estuturas, ações, comportamentos e interesses de sistemas e categorias que ganham e querem continuar ganhando com este pluriverso ou, melhor, no caso, universo das drogas.

O problema não é somente das drogas nem do abuso compulsivo, mas também de uma lógica cartesiana mecanicista que em vez de transpassar pelos paradoxos tenta negá-los. A ciência mecanicista atual tende a transformar tudo aquilo que não compreende nem controla em doença. Basta nomear alguns aspectos do desconhecido. Este é o perigo: transformar o fator de imponderabilidade, que é o momento de criação do novo, da diferença, dentro da rede de vida, em doença.

Carlos começa a me falar de seu outro cliente. Carmem, uma jovem de dezessete anos, vinda do interior para fazer um cursinho pré-vestibular em São Paulo. Dividia espaço com amigas em uma república, recebia mesada dos pais, a quem visitava, vez ou outra, na pequena cidade de interior onde continuavam morando. A mãe de Carmem, dona de casa, fiel ao marido, trabalhava com congelados para ajudar na renda familiar. O pai, comerciante de carros, passava o dia "trabalhando" para conseguir uma média de R$ 2.000 por mês. Tinha uma amante, professora desquitada, a quem ajudava no aluguel do apartamento.

Carmem resolvera estudar em São Paulo quando, depois de presenciar várias brigas entre os pais, o pai lhe confidenciou que a relação com a mãe não passava de "fachada". Não tinha prazer com ela e sim com a amante, mas não tinha coragem de romper o relacionamento. Carmem procurara a terapia por dois motivos: problemas de relacionamento entre os pais e não conseguia arrumar um namorado.

Quanto ao que havia lhe marcado naquela sessão específica — a da pergunta, Carlos lembra que Carmem contara naquele dia sobre a paixão que estava vivendo, por meio de um Disk-Amizade, com uma pessoa que nunca vira na vida e com a qual conversava todos os dias durante horas ao telefone. Essa relação estava tomando um rumo muito excitante para Carmem. Naquele dia, Carmem havia se masturbado

158

durante a conversa com o amante anônimo depois de cheirar uma "carreira". Fim da sessão e a pergunta — o que é a vida?

Pedi a Carlos, então, que me descrevesse como funciona a família adicta.

"Por mais paradoxal que pareça, existe um padrão familiar envolvendo um sistema homeostático de mecanismos de retroalimentação que mantém a drogadicção e, conseqüentemente, a estabilidade familiar geral. O padrão do ciclo adicto envolve normalmente três pessoas no mínimo (pai, mãe, filho ou correlatos) e segue uma seqüência na qual, quando o adicto melhora, as figuras parentais começam a se separar. Quando o adicto volta a ser problemático, as figuras parentais deixam de se concentrar nos seus próprios conflitos para prestar atenção no adicto, pelo menos até que ele comece a melhorar novamente, encerrando um círculo do processo e começando outro círculo na espiral.

A interdependência mais medo da separação oferecem à família adicta uma solução paradoxal para o seu dilema de manter ou separar, permanecer ou partir, ser dependente ou ser autônomo. O paradoxo da família adicta se resume em: "é preciso mudar para continuar como está".

O paradoxo da comunidade humana para as drogas resume-se na seguinte frase: "faça o que eu falo, não faça o que eu faço". Este paradoxo não é exclusivo da relação drogas e hábitos abusivos. Pertence à história humana de dominação, aculturamento e socialização. Os mesmos seres humanos que não conseguem integrar e contextualizar natureza e cultura, que precisam criar o poder do Um idealizado para poder tirar proveito da servidão voluntária da maioria.

Contatos imediatos com Alfredo e Boni diretamente de nosso satélite antenado em sobrevôo constante pelo planeta. Qual é o impacto social das máfias do crime orgnaizado?

Nocivo e desestabilizador; cria bolsões de simpatias na populações carentes; estimula uma economia informal ligada ao tráfico; não se criam instituições duradouras — formam-se alianças temporárias para determinado tipo de ações; um número muito grande de estudantes e profissionais de classe baixa e média, colocados diante de uma perspectiva sombria de desemprego e pobreza, resolve aderir ao narcotráfico; as novas máfias funcionam como pólos de atração para uma juventude desesperada e sem destino. É fácil imaginar o poder corruptor das máfias quando a população recebe salários miseráveis de Estados falidos além de ser desqualificada. Cria-se, conseqüentemente, um quadro propício para as "narcocracias". Cria-se um novo apelo ideológico nas camadas pobres e jovens da população. As máfias entram onde o Estado não atende as necessidades, ou seja, não importa a classe social. "Você quer dinheiro?!" Os programas de austeridade e de ajuste estrutural do Fundo Monetário Internacional (FMI) criam uma necessidade desesperada de ingresso de capital em suas economias, inibindo na prática os esforços de repressão e contenção da atividade das máfias que, bem ou mal, injetam dinheiro nos continentes. As máfias são fontes de suborno e corrupção de autoridades. A interpenetração entre as máfias e o poder político e econômico é uma característica marcante deste final de século. Isto gera, naturalmente, um descrédito na política e nas instituições (todas). As máfias preenchem o lugar que tradicionalmente era dos pais, irmãos e familiares. As gangues e máfias dão dinheiro, carinho e proteção. Os jovens cooptados por esta máfia vêem neles os seus líderes salvadores. Fazem tudo por eles, inclusive matar. É a miséria econômica transformada em miséria social e humana. É o sonho humanista de qualidade de vida, transformado em hordas humanas de ignorantes, fanáticos e escravos.

A vida da gente é um mistério

O circuito de alimentação família-dependente-hábito encontra-se dentro de um contexto sociocultural, geopolítico e econômico mais amplo que se retroalimenta. O sistema social estimula e amplifica desejos, cria falsas necessidades e, ao mesmo tempo, não oferece oportunidades de produção e consumo de tudo o que é gerado. A forma que o sistema econômico utiliza para automanter-se é por meio de uma "ditadura da imagem" que idealiza modelos fechados de valores, expectativas, atitudes e comportamentos, cria corpos padronizados movidos por desejos contínuos que não podem ser frustrados. Este processo é contínuo, atua no corpo biológico e cultural e reproduz padrões de dominação que, sob o ponto de vista geopolítico, mantém padrões colonialistas e escravocratas.

Se o adicto, etimologicamente, é um escravo, podemos dizer que todo o sistema, do indivíduo ao todo social, também é prisioneiro de si mesmo. Como o adicto, a família adicta e a sociedade adicta também o são. Quem seriam, então, os adictocratas? Seriam todos aqueles que, de alguma forma, ganhassem com esta indiferenciação e reprodução do sistema relacional disfuncional, doentio e que atinge níveis de pandemia. Ou seja, agentes da indústria farmacológica, do Estado legal, das máfias de traficantes etc. Estes têm em muitos dos seus representantes de saúde, e nos seus representantes da segurança, os seus instrumentos de controle, reforçamento e alimentação de padrões de vinculação. São corporações que, em nome da Saúde, da Educação, da Moralidade, da Lei, da Ética, do Desenvolvimento, transformam o que é real — simplesmente viver — em direito — à vida.

Esta dissociação entre a palavra (universo do simbólico e da cultura) e a ação (universo físico-biológico), além de cínica, esconde segredos e negações que, por sua vez, faz com que a natureza e a cultura que são processos de vida tomem caminhos opostos e se transformem em processos que, embora vivos, assumem uma direção de desequilíbrio e de desestruturação de uma certa ordem relacional. Onde vai dar, qual será o novo ponto de equilíbrio, não sabemos. O que sabemos é que grupos humanos, num processo de seleção natural ou não (não importa), tiram proveito da doença, da ignorância, da imoralidade, da desordem, da miséria, da pobreza física e mental.

Os conflitos humanos sempre foram e continuarão sendo conflitos de fronteiras entre os subsistemas contextualizados em sistemas mais amplos. A questão da droga e o hábito de buscar (produzir e consumir) é um processo que deve ser pesquisado e contextualizado em uma zona fronteiriça entre o legal e o ilegal, o lícito e o ilícito, o público e o privado. É o território ambíguo e paradoxal dos pluriversos, onde o discurso é um — "é preciso mudar", mas a ação é outra — "para continuar como está".

É importante que se redefina o conceito de saúde e de doença dentro desta zona fronteiriça. Saúde seria tudo o que está em sintonia com o processo de integração da rede cognitiva. Doença seria tudo aquilo que exclui, que isola, que segrega, que rompe e não reintegra.

Se pensarmos nos seres humanos como seres moleculares que são e que as moléculas, em um determinado nível subatômico, são campos energéticos,[2] entenderemos que somos seres bioenergéticos e que nosso compromisso é com a continuidade deste livre fluir, pois ele existe desde os *quanta* até o pensamento abstrato. Será que quem se droga ou quem reprime seres humanos tem este compromisso? Será que existem diferenças entre eles?

Se pensarmos na ecologia e no nosso conceito de comunidades ecológicas como reuniões de organismos conjuntamente ligados à

---

2. Uma partícula elementar é, em essência, um conjunto de relações que se dirige para fora em direção a outras coisas. Estas relações são expressas em termos de probabilidade e são determinadas pela dinâmica do sistema como um todo.

maneira de rede por intermédio de relações de alimentação, poderemos entender o organismo humano como uma rede de células, órgãos e sistemas de órgãos; da mesma forma, a sociedade pode ser vista como uma rede de organismos humanos, ou seja, uma teia de vida com redes dentro de redes em diferentes níveis do micro ao macrocosmos.

Nos últimos anos, a grande pergunta que a ciência se faz é como é construído o processo de rede na integração entre natureza (física e biológica) e cultura (símbolos e valores). Foi o sociólogo alemão Luhmann quem identificou como processos de comunicação as propriedades comuns a todos os seres vivos em sistemas sociais. Um sistema familiar, por exemplo, pode ser definido como uma rede de conversas que exibe circularidades inerentes. Os resultados de conversas dão origem a mais conversas, de modo que formam laços de realimentação que se auto-amplificam. O fechamento da rede resulta num sistema compartilhado de crenças, explicações, valores — um contexto de significados (cultura) — continuamente sustentado por mais conversas.

Os atos comunicativos da rede de conversas incluem a "autoprodução" dos papéis por intermédio dos quais os vários membros da família são definidos e da fronteira do sistema familiar. Como todos estes processos são simbólicos, a fronteira não pode ser uma fronteira física e sim simbólica. É uma fronteira de expectativas, confidências, lealdades, e assim por diante. Tanto os papéis como as fronteiras são continuamente mantidos e renegociados pela rede de auto-regulação de conversas, em constante interação com informações advindas do meio ambiente. A conseqüência de tudo isto é a geração de "novos mundos", "novas realidades", "novos universos", a cada instante.

O processo de criação de vida na sociedade humana envolve, portanto, auto-organização — em rede — de informações que se auto-regulam por meio de contínuas interações com o contexto ambiental e que geram aprendizagem (cognição). Viver é conhecer. Conhece-se fazendo, gerando novas vidas. É o aprender que move a vida e não o prazer. É por esta direção que caminha a ciência moderna.

Lembremos que Freud trazia o princípio do prazer como o grande gerador de desejos e sonhos na vida humana. Os próprios cientistas (biólogos, neurobiólogos, fisiologistas), ao tentar explicar o que move as pessoas a repetir hábitos e vícios que se perpetuam, sempre deram como resposta a busca do prazer, chegando até a localizar nesse sentido regiões cerebrais específicas. Atualmente, ainda buscam-se meios e drogas para bloquear os neuropeptídeos (dopamina, glutamato) que possam estimular esses centros de prazer.[3]

A droga sempre esteve e ainda está relacionada à busca do prazer, supressão de dor e frustração, elaboração insuficiente de perdas e faltas. Ao ser humano cabe o prazer sem excessos, suportar a dor ao máximo e resignar-se diante das frustrações. Só assim será puro, forte e servil. As drogas e seus componentes psicoativos subvertem a ordem tolerável, afastando irreversivelmente as pessoas de seu centro de equilíbrio. A superestimação de si mesmo, a euforia inflamada, a fissura no querer, tudo isto deixa o indivíduo alienado, fora de si.

As drogas, os hábitos compulsivos, os prazeres em excesso são insuportáveis aos olhos humanos. Mas como seria o mundo se não existissem as mentiras, os segredos, os enganos? Onde estariam a subjetividade, a criatividade e a própria aprendizagem? A rede de comunicação pela linguagem verbal e não-verbal permite uma troca de informações (atitudes e comportamentos) e uma coordenação de ações que nos habilita a manipular o mundo natural em benefício do ser humano. Enquanto este benefício é concomitante a processos vitais, tudo bem. Ruim é quando esses benefícios privilegiam algumas pessoas em detrimento de outras, e, o que é pior, quando paralisa e/ou interrompe vínculos afetivos, conexões da própria rede relacional humana. Quando isto acontece, rompem-se fronteiras, quebram-se expectativas, cortam-se pactos de lealdade. Desestruturar o ecossistema relacional humano.

Pecado, mau-caratismo, doença, auto-engano. Não importa o nome. O importante é que o comportamento de quem se droga, de quem se engana, cria uma disparidade entre realidade e aparência que deturpa as percepções e modifica a ação sobre si e sobre os outros. Para os mecanicistas, isto é a causa de alguma coisa; para os sistêmicos, isto é um momento de indeterminação e imponderabilidade. Para onde iremos ninguém sabe.

Carlos resolvera largar a psicologia. Foi ser fazendeiro nas terras herdadas da família. Interpretar a vida dos outros já não lhe fazia sentido. Precisava compartilhar com alguém um processo de construção. Como terapeuta sentia que ajudara os outros em seus processos de construção mas, no seu íntimo, isto só aumentava a sua solidão.

---

3. As pesquisas científicas mais recentes já não enfatizam somente a relação meuropepitídeos-busca de prazer, e sim pepitídeos-busca de aprendizagem. Esta relação, em minha opinião, é a grande mudança epistêmica que certamente trará novas luzes para a reflexão sobre a relação droga-hábitos.

Fabio manteve ainda por muito tempo uma paixão furiosa pela voz anônima do telefone que, de ouvido amigo, foi se transformando num grande jogo sexual. Fabio tomou coragem, separou-se da mulher e resolveu procurar a parceira virtual.

Carmem envolveu-se cada vez mais com drogas. Voltou para a casa de seus pais no interior. Transitou durante algum tempo entre a casa dos pais e clínicas psiquiátricas. De vez em quando, ainda tem alguns surtos. Mas agora nem clínicas de recuperação ela pode mais freqüentar. Seu teste sorológico deu positivo.

Fabio finalmente a encontrou. A parceira anônima por quem se apaixonara em suas fantasias virtuais já tinha um nome: Carmem. Coisas da vida.

O que ocorre com os seres humanos quando os valores sociais aprovam o isolamento, o perigo do contato afetivo e da intimidade? O que as pessoas precisam? Carlos hoje talvez respondesse a essa pergunta com: afeto, compreensão, respeito à diferença, tempo para estar, ser vista, ouvida e talvez qualificada. Ter perspectivas de futuro, paz e condições para construir o presente, capacidade mental e física para melhor compreender e elaborar o passado, para poder virtualizar o futuro dentro de parâmetros de realidade e possibilidade. Ter espaço privado e público para que possa estabelecer vínculos fecundos por sua maneira de ser e de viver.

Carta ao leitor

Procurei na elaboração desse texto exercitar-me. Tem uma hora na vida da gente que ela começa a ficar chata. Tudo parece ficar repetitivo. Tudo acaba "em pizza". As mesmas cenas, pessoas, problemas... Problemas, esta foi a palavra-chave. Lidamos com eles, muitas vezes, como se uma hora eles acabassem, ou melhor, pudessem deixar de existir. Neste processo ilusório de acharmos que um dia nessa guerra venceremos, cansamos, adoecemos e, muitas vezes, morremos. A cada momento que rompemos vínculos com a natureza e a cultura, com os pais, companheiros e filhos, com os amigos, com a cidadania, adoecemos e morremos um pouco em vida.

Digo que esse texto foi exercício árduo pois tive de desnudar-me. Ficar nu para não morrer de tédio, pois a pior repetição é aquela que ocorre dentro de nós mesmos. Falo de nossos hábitos. Aquele mesmo rosto no espelho, aquele mesmo programa de TV, aquele mesmo gozo.

Com certeza, esses padrões poderiam ser catalogados como drogas pesadas pois provocam grande dependência.

A pior droga não é aquela que está fora das pessoas, da família ou da sociedade. A pior droga é como nos relacionamos com todos os ecossistemas, tanto internos quanto externos. O parâmetro para sabermos de fato se não somos dependentes de drogas e hábitos abusivos é criar e exercitar compromissos com a vida. Para isso, descobri que a melhor droga, a mais revolucionária, a mais perigosa é aprender a perguntar. Este texto é fruto de indagações.

Procurar respostas para a questão das drogas parece-me repetitivo, pertence a uma guerra na qual eu sou população civil: recebo balas perdidas de todos os lados. Ao levantar perguntas em que buscava diferenças no processo relacional — organismo vivo, indivíduos, sistema familiar, sociedade, encontrava padrões repetitivos e mantenedores dos próprios. Quanto mais buscava a diferença que podia fazer a diferença (que no texto é assinalada pela pergunta sobre o que é a vida, recorrente em diferentes contextos) mais encontrava circuitos retroalimentadores de drogas e hábitos. E devo confessar: sou um adicto. A minha droga é o sanduíche de queijo com limonada. E o meu pior hábito é não suportar ficar só.

Foi intoxicado e sozinho que procurei descrever os pluriversos da droga. Neste jogo lúdico e perigoso da construção de um texto, o que mais me impressionou e onde eu mais aprendi é que, ao perguntar e não esperar respostas ou fórmulas mágicas de solução, eu penetrava em um labirinto fascinante e estimulador. Um labirinto que nos joga para o novo, o inusitado.

O medo foi paralisante em muitos momentos. Não conseguia transformar percep-ações em ações perceptivas. O que me salvou para que eu pudesse concluir o texto foi relacionar o tema com os paradigmas. São eles os instrumentos do conhecimento de que dispomos para continuar firmando um compromisso com a vida.

Acho que não erro por muito ao afirmar que metade da população do planeta é de alguma maneira adicta e abusiva. A política antidrogas mundial é guerrear, é atacar militarmente o diferente. Queiramos ou não, estamos em guerra civil. Num dia, estamos de um lado, no outro dia, estamos de outro. O importante é poder aprender em ambos. Só assim escapamos do fogo cruzado das balas perdidas.

Na guerra não há diálogo pois só há duas conversas. Num diálogo em que só temos duas falas, não há mudanças. Cada lado defende o seu. Para haver cognição, vida, continuidade de busca de soluções, temos de perguntar sempre, temos de transformar o conhecer em fazer. Construir diálogos com pelo menos três falas, com três discussões, com pluriversos. Talvez estejam aí as saídas para quando drogas e hábitos, i.e., relacionamentos viciados, repetitivos, chatos, ignorantes, tomam conta e controle de nossa rede biopsicossocial e cósmica. Temos de encontrar um jeito de criar cada vez mais canais comunicativos baseados em contatos afetivos, sexuais, criativos. Esta é a solução contra a droga. Continuar perguntando e lembrar que qualquer processo psicoativo é ameaçador e criador para toda a rede: a vida é uma encruzilhada. Você, leitor, foi o meu interlocutor na minha solidão de autor e tudo o que eu disse não passa de ilusão.

Bibliografia

ARBEX JR., JOSÉ E TOGNOLLI, CLADIO (1996) *O século do crime*. São Paulo: Boitempo.

BLACK, EVAN IMBER E COLAB. (1994) *Os segredos na família e na terapia familiar*. Porto Alegre: Artes Médicas.

BOÉTIE, ETIENNE DE LA (1982). Discurso da Servidão Voluntária. In: CLAUDE LEFOND, *O Nome de Um*. 2ª ed. São Paulo: Brasiliense.

CAPRA, FRITJOF (1997) *A teia da vida*. São Paulo: Cultrix.

ENRIQUEZ, EUGÈNE (1990) *Da horda ao Estado*. Rio de Janeiro: Jorge Zahar Editor.

LESHNER, ALAN I. Addiction is a Brain Disease, and it Matters. *Science* vol. 278 out. 1997, pp. 45-47.

PENSADOR, GABRIEL O (1997) *Cachimbo da Paz* (67304729) Ed. Hip Hop / Sony Music, One on One (Sample)

REZENDE, MANUEL MORGADO (1997) *Curto circuito familiar e drogas*. 2ª ed. Taubaté: Cabral Editora Universitária.

STANTON, M. D; TODD, T Y COLS. (1990) *Terapia Familiar del Abuso y Adicción a las Drogas*. Barcelona: Gedisa.

THOMAS, HELIO E ROIG, PABLO MIGUEL (1998) *Reaprendendo com a drogadicção*. São Paulo: Empório do Livro.

WICKELGREN, INGRID. Getting the Brain's Attention. In: *Science* vol. 278, out./1997, pp.35-37.

WODAK, ALEX (1998) *Troca de seringas*: Drogas e Aids.

------- dobre aqui -------

CARTA-RESPOSTA
NÃO É NECESSÁRIO SELAR

O SELO SERÁ PAGO POR

AC AVENIDA DUQUE DE CAXIAS
01214-999 São Paulo/SP

------- dobre aqui -------

DROGAS NA ESCOLA

summus editorial
CADASTRO PARA MALA-DIRETA
Recorte ou reproduza esta ficha de cadastro, envie completamente preenchida por correio ou fax,
e receba informações atualizadas sobre nossos livros.

Nome:_____ Empresa:_____

Endereço: ☐ Res. ☐ Coml. _____ Bairro:_____

CEP: _____-_____ Cidade: _____ Estado: _____ Tel.: ( ) _____

Fax: ( ) _____ E-mail: _____ Data de nascimento: _____

Profissão:_____ Professor? ☐ Sim ☐ Não Disciplina: _____

1. Você compra livros:

☐ Livrarias ☐ Feiras
☐ Telefone ☐ Correios
☐ Internet ☐ Outros. Especificar:_____

2. Onde você comprou este livro?

_____

3. Você busca informações para adquirir livros:

☐ Jornais ☐ Amigos
☐ Revistas ☐ Internet
☐ Professores ☐ Outros. Especificar:_____

4. Áreas de interesse:

☐ Educação ☐ Administração, RH
☐ Psicologia ☐ Comunicação
☐ Corpo, Movimento, Saúde ☐ Literatura, Poesia, Ensaios
☐ Comportamento ☐ Viagens, Hobby, Lazer
☐ PNL (Programação Neurolingüística)

5. Nestas áreas, alguma sugestão para novos títulos?

_____

6. Gostaria de receber o catálogo da editora? ☐ Sim ☐ Não

7. Gostaria de receber o Informativo Summus? ☐ Sim ☐ Não

Indique um amigo que gostaria de receber a nossa mala-direta

Nome:_____ Empresa:_____

Endereço: ☐ Res. ☐ Coml. _____ Bairro:_____

CEP: _____-_____ Cidade: _____ Estado: _____ Tel.: ( ) _____

Fax: ( ) _____ E-mail: _____ Data de nascimento: _____

Profissão:_____ Professor? ☐ Sim ☐ Não Disciplina: _____

summus editorial
Rua Itapicuru, 613 – cj. 72 05006-000 São Paulo - SP Brasil Tel.: (11) 3872 3322 Fax: (11) 3872 7476
Internet: http://www.summus.com.br e-mail: summus@summus.com.br

cole aqui